中国农业合作简史

王立诚　著

中国农业出版社

图书在版编目（CIP）数据

中国农业合作简史/王立诚著．—北京：中国农业出版社，2009.6
ISBN 978-7-109-13852-0

Ⅰ．中… Ⅱ．王… Ⅲ．农业集体化—农业史—中国
Ⅳ．F329.07

中国版本图书馆 CIP 数据核字（2009）第 069697 号

中国农业出版社出版
（北京市朝阳区农展馆北路 2 号）
（邮政编码 100125）
责任编辑 白洪信

北京印刷一厂印刷 新华书店北京发行所发行
2009 年 6 月第 1 版 2009 年 6 月北京第 1 次印刷

开本：850mm×1168mm 1/32 印张：4.875
字数：90 千字 印数：1～2 000 册
定价：10.00 元

前　言

校改完这篇稿子，夜深人静，不禁松了一口气，油然反思我为什么要写它。

自问今年我已逾八旬了，抱病在身，又何必笔耕不辍？

抚念这一辈子，除了读书、参军之外，绝大部分时间是为我国的农业服务，从 1953 年在原中共中央农工部互助合作处开始，主要时间是在农业合作化业务中度过的。际兹盛世，不可不回顾和总结一下这一辈子做过的工作，遭遇到的问题，听到的或参与过的争论，重新读一点书，整理一些资料，作为垂老的重新学习，力争重新认识历史，重新认识自己的工作。因此，我欣然执笔。

这一类题目的文章已很多了，中外皆有，见解各有不同，其中一得之见皆可以为我师。我自量水平不高，视野不宽，只有尽心争取做到：以马克思主义经典理论为指导，以中国农村合作化发展的客观实际为准绳，力争勤奋一点，从实际出发，不顾拖冗琐杂，弄出来这样一篇长文，以就正于方家，也算尽一份对社会的责任。

在中国这样一个发展中的农业大国，工人阶级夺得全国政权以后建设社会主义，在经济工作中面临的一个重大问题，就是是否承认发展商品经济是建成一个社会主义国家不可逾越的历史阶段，或者说在中国的社会主义初期阶段必须大力发展商品经济。换言之，就是是否承认这是一个客观的经济规律，违背了这条规律就必定会受到客观实际的毫不容情的惩罚，我们以为中国的农业合作化的曲折发展和它给予我们的历史教训归根结底就是这么一回事。

最后请允许我对中国农业大学冯开文教授致以衷心的感谢，是他曾努力帮助我初步完成了这篇著作。

1997.3 初稿

2008.12 修正稿

目　　录

目　录

第一章 中国农业合作发展初期的若干争议（1949—1957）

我们认为，中华人民共和国建国后的农业合作化，大体经历了三个大的历史阶段：从新中国成立到1957年，是农业合作化完成的阶段（由1955年前的稳步发展和1955年以后的迅速完成两个小阶段构成）；从1957年一直到1978年十一届三中全会前，是农业合作化迅速向集体化方向发展，而且日趋僵化的阶段；1978年后，在邓小平同志的主持和领导下随着全国性的撤社建乡，农户家庭联产承包为主体的农业生产责任制的推广和农业双层经营体制的提出以至于今，中国的农业合作又在新的基础上获得了新的发展。回顾中国农业合作的历史，我们不能不把对指导方针的历史性考察和合作化实践中出现的政策理论问题的反思，作为我们研究工作的重点。

第一节　新中国成立初期毛泽东同志和刘少奇等同志在指导农业合作方面的不同认识

毛泽东同志和刘少奇同志都是我们党的卓越的领导人，是无产阶级的久经锻炼的革命家，他们对中国的农业和农村都有长时期的深入了解。毛泽东同志在大革命时期就已做过广泛的农村调查，写出了著名的《湖南农民运动考察报告》等著作并提出了“农村包围城市”的革命战略思想。土地革命时期，他更把诸如中央苏区的查田运动等活动，和党的土地政策结合起来，纠正王明等的“左”的土地革命路线，在中央苏区实行了正确的土地路线，在抗日战争和解放战争中，他也不断进行农村和农业的调查和研究，密切关注农民的要求和农村的变化，在转战陕北、华北的过程中，及时纠正老区土改中出现的错误倾向。因此，毛泽东同志对中国农村和农业问题有较大的发言权；随着他在党内地位的上升和巩固，他发言的分量也较他人更重一些。

刘少奇同志青年时代曾去苏联学习马列主义理论，具有较高的理论修养，亲自体验过苏联十月革命以后的困难时期和新经济政策的实行，新中国成立前长期在白区工作，足迹遍及全国各地，后来参加党中央的领导，辅助毛泽东同志领导党的各方面的工作，并参与制订若干重大的政策。解放战争时期，特别是他和朱德等同志组成的中央工作委员会转移华北之后，直接主持老区的土改工作；新中国成立后又出任全国土改委员会主任，领导了新区的土改。长期的经验和积累，使他在革命发展的不同历史阶段，从马列主义关于农业道路的理论和中国农村的实际出发，不仅对农业和农村发展的方向形成了自己的看法，而且能注意从生产力水平和生产关系变革的相互关系；从经济发展的全局，特别是农业与工商业的关系的角度，思考中国社会主义农业的道路问题，在对农业合作（包括供销合作）的指导上形成了与毛泽东同志在革命的大方向一致的条件下有所不同的政策性认识。这种差异在初期农业合作化阶段的指导方针上，就已经初步显示出来，并产生了相应的影响，成了我们反思初期农业合作化历史经验不可忽视的一方面。因为这些不同认识，涉及了人们对土改后农村出现的各种现象，以及是否存在一个新民主主义的历史阶段，涉及工业化的步伐、涉及对小生产的私有制的政策、也涉及面向农村的供销合作社等与农业合作至关重要的理论问题。从某种意义上说，正是这种不同认识的存在，影响了中国农业合作的方向和进程。

在这里我们不能不提到党的另一位老一辈领导人邓子恢同志，他是福建人，曾经留学日本，在创建闽西革命根据地，扩大淮北、淮南解放区，创建新四军方面有过不可磨灭的功勋。他是在农民运动中“摸、爬、滚、打”过来的老领导干部，对中国农民有着深刻的了解和丰富的体验。他和毛泽东、刘少奇都有长期合作共事的经历，曾在毛泽东同志直接领导下担任中央苏维埃政府财政部长、土地部长，在新四军工作时刘少奇同志是政委，他是政治部主任，他被刘少奇同志誉为“在中国农民问题上最有发言权的人”，党内普遍称他为“农民运动专家”。他毕生的信条是实事求是，不唯上、不唯书、敢于直言、敢于坚持真理。工作中勇于承担责任。多年以来，在党内外得到了崇高的评价，在农业合作化运动中，他长期担任中共中央农村工作部长、国务院副总理，曾经为了工作大局和毛泽东同志展开过许多次有时是很激烈的争论，和运动中的“左”的倾向作斗争，并为此备受批评和委屈。他的工作对于我们农业合作化初期的稳步发展有过巨大的影响。

一、关于土改后的农村和农民状况的一系列争论

（一）土地改革后农村和农民状况

从 1947 年开始，我党领导广大农民群众，在东北、华北及西北部分老解放区，大张旗鼓地掀起了土地改革运动：1950 年冬，又在新解放区掀起了轰轰烈烈的土改，到 1952 年底，全国土改基本完成。土改本着废除地主阶级封建剥削的土地所有制，实行农民的土地所有制的宗旨，极大地改变了旧中国极不合理的农村阶级结构和土地分配结构，即占农村人口 10％的地主富农占有农村 70％～80％的土地，而占农村人口 90％的贫农、雇农、中农及其他劳动人民只占 20％～30％的土地的

极不合理状况；改变成了土改结束时的占人口52.2%的贫雇农占有47.1%的耕地（人均2.93亩），占人口39.9%的中农占有44.3%的耕地（人均3.67亩），占人口5.3%的富农占有6.4%的耕地（人均3.8亩），占人口2.6%的地主占有2.2%的耕地（人均2.52亩），实现了耕者有其田，使中国农村焕发出了前所未有的生机。翻身农民称之为“枯木逢春”、“铁树开花”是一点也不过分的。

土地改革的另一个重大成就，就是使广大农民免除了旧中国农村繁重的封建盘剥，只需以个体劳动者的身份向国家缴纳农业税，这就极大地减轻了农民的负担，使他们的个体劳动积极性空前发展起来。解放前，农民缴纳的实物地租就约占收入的50%，有的高达70%～80%。农民还要承受地主、富农的高利贷盘剥，其货币借贷利率在30%以上，实物借贷利率则在20%以上；此外还有地主兼营商业的盘剥和一些超经济剥削。① 而土改后，为了休养生息，党和政府大力扶持农业生产，农业税率也呈下降趋势。据统计，全国征收农业税1950年为1 350万吨（包括地方附加，以细粮计算），占粮食总产量的12.3%；1951年1 810万吨，占粮食总产量的14.5%；1952年增加到1 940万吨，却只占粮食总产量的13.2%。②

① 《当代中国的农业》第49页，当代中国出版社，1992。

② 《中国近代经济史统计资料（选辑）》第34页，严中平等。

农民负担的减轻，体现着农民的解放，体现着农村个体经济脱离了对封建地主经济和资本主义经济的依附，也推动着农民生产积极性的发挥。就在土改的过程中，农业生产已呈现出不断上升的良好势头。单就粮棉产量来看，1950 年分别为 13 213 万吨粮食和 69.2 万吨棉花，比 1949 年分别增长 16.7％和 55.9％；1951 年分别为 14 369 万吨和 103.1 万吨，又分别比 1950 年增长 8.7％和 49％；1952 年分别为 16390 万吨和 130.4 万吨，分别比 1951 年增长 14.1％和 53.6％。① 农业生产长足发展的喜人局面，突出地说明了一点，即农民的个体劳动的积极性和潜力是巨大的；说明了在一定时期，一定条件下，采用一定形式的个体经营，必定促进生产力的发展。与此同时，新老解放区在 1949 年底和 1950 年春，由于领导重视和农民发展生产的需要，互助合作组织都有了较大的发展，这是当时必须注意到的一个基本情况。虽然由于集中精力搞土改，老解放区有一些互助组垮台了，新解放区的互助组出现了放松和涣散的问题，但仍有一批互助组坚持了下来，如山东的吕鸿宾互助组（老区）和安徽阜阳的吕东场互助组（新区）等。到 1950 年底，我国农村中共有各类互助组 272.4 万个，参加农户 1 131 万户，占总农户比重的 10.7％。

当时作为中共中央华中局书记的邓子恢同志，1950

① 李成瑞《中华人民共和国农业史稿》第 113 页，1959。

年 12 月曾经在一次《在农村组织合作社》的演讲中论述农民要求解决的三个问题：

（1）“剿匪反霸、减租减息、实行土改”；

（2）从商业上“去剪除农民所受的中间剥削”，这就是要建立供销合作事业。

（3）“大量供给耕种机器、化学肥料和各种科学技术、使农业机械化、集体化”。“只有采用机器耕种，组织集体农场，改良生产技术，提高生产力，才能逐渐走向社会主义，不过现在还没有到这一阶段”。①

这也反映了他对中国农村发展道路的早期看法，也是合乎马列主义理论原则的。

（二）如何正确对待部分地区的中农化趋势

农民的个体经营，当时也出现了一系列问题和现象，引起了中央和各级政府的关注。某些土改进行较早的地区，已出现了一定程度的农民“中农化”趋势。

1952 年，土改委员会秘书长廖鲁言同志在《新华文摘》发表的文章也指出了这一点。这一现象突出地表现在作为老解放区的东北地区。1950 年，东北局在 1 月份写给中央的综合报告中指出：一般群众的经济普遍开始上升。“绝大多数农民”，目前的经济生活已经超过了他们在刚刚实行土地改革之后的情况（如松江省上升户占 60%～70%，吉林省占 2/3，黑龙江省上升较显著的户占 14%）。最普遍的是粮食都有增多，因此生产所

① 《邓子恢文集》第 288 - 289 页。

必需的牲畜、大车、衣物、房子也均有增加，其中一小部分（龙江为12%），除了添车买马之外，有的并已开始雇用长工。① 这个报告旨在说明，东北“绝大多数农民”（据全文分析，这部分农民占70%）都存在着中农化的趋势，因为毛泽东同志在《怎样分析农村阶级》中提出的中农特征，一直是土改中划分农村阶级的主要依据。1950年8月4日政务院公布的《关于划分农村阶级成分的决定》，是为正确实施《中华人民共和国土地改革法》而制定的，其中的甲、乙部分就是将瑞金中央苏维埃政府1933年制定的《怎样分析农村阶级》和《关于土地改革中一些问题的决定》两个文件稍加修改并补充后再行公布。其中明显体现着毛泽东起草的《怎样分析农村阶级》一文的基本思想。② 该文认为中农一般都占有土地：“都有相当的工具”；生活来源全部或多数靠自己的劳动，但也会对别人有“轻微的剥削”；一般不出卖劳动力。③ 可见，东北局的报告，也是据这些原则进行整理和陈述的。

1951年4月，山西省委在给中央，华北局的《把老区的互助组织提高一步》的报告中，也说农村劳、畜力已不是严重问题，一部分农民上升为富裕中农，某些互助组织发生了涣散的情形。④

---

① 《当代中国的农业》第77页。

② 《农业集体化重要文件汇编》（以下简称《汇编》）上册第8页。

③ 《毛泽东选集》第一卷，第14页。

④ 《中华人民共和国风云实录》河北人民出版社，1994。

1951年10月14日，东北局又向毛泽东主席和中央送上了《关于东北农村的生产合作互助运动》的报告，称东北农村在土改后，经过三年多的发展生产，农民经济获得了普遍上升，经济上升的农户约占总农户的95%。其中上升到中农水平的约占60%～70%；较土改时有显著改善的约占25%～30%；上升户中约有20%已成为富裕中农；新富农则发展较慢，发展最多的黑龙江也才占农户的0.8%。①

这个报告明确提出了农民的“中农化”趋势。

提出这种趋势，旨在说明东北农业生产的普遍上升，农民生产状况的普遍改善。而且，将原因归结为农业生产互助合作的发展跟不上形势。在1950年的报告中，指出绝大多数农户经济上升之后，就引出了有些农民“发生‘单干情绪高，发了财没用处’的苦闷”，提出应把“改造变工组”作为“农村经济发展的方向”。②在1951年的报告中，更明确指出“东北农村经济普遍上升的主要原因”，是由于经过土地改革，摧毁了地主和旧富农的经济之后，党就将贯彻毛泽东关于组织起来，发展生产的方针，作为农村工作的重点，并在组织农民生产与交换方面积极推行了合作互助和供销合作的政策，以便有步骤地改造农业经济，使之由个体逐步向

① 《汇编》上册，第35-36页。

② 中共中央东北局《党的工作》第220期。

着集体发展。[①] 报告明确表示，要积极扶助与发展农业合作互助组“并逐步由低级引向更高级的形式”。强调要有重点地发展农业合作社。可见，东北的农业社会主义改造，即农业向社会主义的过渡，在 1951 年就已呼之欲出了。

毛泽东同志看过这个报告后，为转发这个报告写了一个批语说：“中央认为高岗同志在这个报告中所提出的方针是正确的”，完成土地改革的地区，都要在不轻视、排斥个体农户的同时，“逐步地组成和发展各种以私有财产为基础的农业生产互助合作组织”。[②] 东北成了全国农村工作的样板。

对此，我们认为有几点需要分析说明：

一是东北的经济发展有着特殊的背景：东北是旧中国经济基础最好的地区，也是解放最早的地区之一，是土改最早进行的地区之一，因此，东北的农业发展较快的包括“中农化”的趋势，是一个历史形成的特例，在当时的全国农村中还不具有典型性。将这样一种模式作全国性的推广，就忽视了各地经济发展的不平衡性和全国农业整体水平较低的实情，多少有一些简单化。实际上，土改后全国各阶层农民拥有的生产资料相当单薄（见下表），[③] 经营规模相当狭小。只有充分认识到这个

① 《汇编》上册第 8 页，第 10 - 11 页。

② 东北局《党的工作》第 120 页。

③ 苏星《中国农业的社会主义道路》第 11 页，1976 年版。

贫弱的基础，考虑到全国各地的不同情况，充分看到农业合作化的艰巨性和长期性，谨慎、稳步地推动农业生产互助合作，才能真正促进农业生产力的发展。

	耕地（亩）	耕畜（头）	犁（部）	水车（部）
贫雇农	12.46	0.47	0.41	0.07
中农	19.01	0.91	0.74	0.13
富农	25.09	1.15	0.87	0.22
地主	12.16	0.23	0.23	0.04
其他	7.05	0.32	0.38	0.06

二是东北的“中农化”趋势需要具体如实地看待，东北的工作中一度将农村中新发展起来的，拥有三马一犁的中农当作富农加以限制，刘少奇同志曾对此作了批评（见后文）。可见，其中农民的实际生活水平，占有生产资料的程度和数量也有一定的水分，而东北局却坚持认为应通过提高农业互助合作形式，有重点地发展农业生产合作社的途径，利用中农的牲畜和其他生产资料和贫农的强大劳动力相结合来削弱这种“中农化趋势”，这实际上是农业社会主义倾向，政策的基点并没有完全落到实处，其在全国推广的可行性就大大打了折扣。

三是一味地强调互助合作的升级，忽视了个体经营等方式的有益作用，容易促成模式的单一化和思路上的简单化。

刘少奇同志早在 1948 年 9 月的中央政治局扩大会

议上和华北财经委员会议上就指出：民主革命胜利后还不能马上采取社会主义的政策，“过早地消灭资本主义的办法则要犯‘左’的错误”。毛泽东同志赞同他的观点并且补充说：“到底何时开始全线进攻？也许全国胜利后还要15年”。少奇并且指出：“决定的东西是小生产者的向背，所以对小生产者必须采取最谨慎的政策”，“要通过合作化（主要是供销合作）的形式去团结他们”。①

刘少奇对东北把新上升的富裕中农当作富农加以限制提出的批评，以有的报告中指出东北地区富农最多的省份也只占0.8%，说明东北地区在合作化初期确实存在着工作过“左”的倾向，现在试图通过组织更高形式的合作社以抑制中农化趋势的做法，更是这种“左”倾的延续，防止这种过急倾向的问题，在合作化一开始就提出来了。

应该看到，在党的七届二中全会以前，邓子恢同志对于在土改后中国农业的发展道路也提出过自己的看法，他在1947年《关于今后土改问题给刘少奇的一封信》② 中提到：“在中国条件下，要发展农村生产力，不是靠美国资本主义的农场经营，也不是靠苏联式的集体农场经营，也不是靠中国式的富农经济；在目前阶段中，发展中国农村生产力的最普遍、最进步、最主要的

① 《党的文献》1989年第1期，第13页。

② 《邓子恢文集》第159页。

生产方式是中农式的小农经济”这一段话无疑是他当时的基本思想，而且不可避免地影响着他后来的指导思想。当然，他的这一论断和农业的互助合作事业并不矛盾。因为在他所领导的地区是很注意推广互助合作的，但是他敏锐地预感到全国土改以后的中农化倾向，并提议予以保护和支持，是难能可贵的，在七届二中全会以后，他没有再公开发表这样的意见而是执行中央的决议了。

山西的“中农化”问题，引发了一场更大的争论，即合作化之外有没有别的农业经济发展道路，我们将在后面展开论述。

与“中农化”趋势密切相关的就是党的富农政策问题，正确认识在民主革命成功以后富农的地位、作用和前途，也是影响合作化进程的一个重大理论政策问题。旧中国的富农经济包括从事土地出租的封建富农经济和采用雇工剥削的新富农经济。在新中国成立前，受战争气氛的影响，我党对富农的政策一直是以打击和消灭为主。即所谓“地主不分田，富农分坏田”。毛泽东同志在任江西中央苏区政府主席时，和土地部的同志们实事求是地纠正了这种过“左”的倾向，在《兴国土地法》中规定只没收富农的多余土地；党的“六大”通过了不动富农土地财产、争取富农中立的政策；1946 年“五四指示”规定了“一般不动富农的土地”等等，但实际上党的“六大”决议中关于保留富农部分很快地就受到了共产国际的批评和纠正，也有的在上述作出“保存富农经济”的规定之后就写下了群众要求之下的“变通作法”；或是在土改斗争中对上述对富农的优惠政策在群众要求下实际上没有实现。正如薄一波同志所说的“总之从井冈山时期开始，到解放战争时期为止，我党领导的各个时期的土地革命和土改，尽管想法曾有所不同，但实际上都是打击或者消灭富农的”。①

1949 年初，面对新区土改的形势，毛泽东和党中央开始思考新的富农政策。1 月，毛泽东同志指出，城市附近不能照搬农村的土改办法。5 月，北平军管会据此制定了《关于北平辖区土地问题的决定》，规定只征收富农的出租土地，对其自耕和佃耕的土地，照旧不变。1949 年 11 月，毛主席在政治局提出：“江南土改时，要慎重对待富农”。② 1950 年初，毛泽东、周恩来等同志访苏时，毛泽东同志就过去一贯的保存富农经济和当前新区政治上中立富农的思想，与斯大林取得了一致。斯大林也提出“打倒地主阶级时中立富农”的观点，实际上纠正了“六大”以后共产国际的错误批评。③ 此后，经过深刻讨论历史经验、广泛征求各中央局及省、市、区党委的意见，详细探讨保存富农经济与保护民族资产阶级，顺利地孤立地主开展土改，对贫雇农分地的影响，促进恢复和发展农业生产等方面的利害

① 薄一波：《若干重大决策和事件的回顾》（以下简称《回顾》）上卷，第 117 页。

② 《回顾》上卷，第 118 页。

③ 《回顾》上卷，第 119 页。

关系，终于在七届三中全会上形成了依靠贫雇农、团结中农、中立富农，有步骤有分别地消灭封建剥削制度，发展农业生产的新区政策路线，并以法律形式写进了《中华人民共和国土地改革法》，规定“保护富农所有自耕和雇人耕种的土地及其他财产，不得侵犯。富农所有之出租小量土地，亦予保留不动；但在某些特殊地区，经省以上人民政府的批准，得征收其出租土地的一部或全部”。①

在讨论过程中，是否没收富农的出租土地，是一个热点。在这个问题上，毛泽东同志和刘少奇同志在一些具体的看法上还是有一些分歧的。1950 年 5 月 1 日，毛泽东电复邓子恢同志，并告饶漱石：“鉴于富农出租土地数量不大，暂时不动这点土地，影响贫雇农所得土地的数量也不会大，现在我的意见仍以为暂时不动较为适宜”。② 毛泽东不同意邓子恢此前以中共中央华中局书记身份提出的如不动富农出租土地，则贫雇农能分到的土地将减少 20％～30％，就会影响土改的顺利进行，因此应该现在“动”的意见，也不同意饶漱石现在不应动，“一二年后再动，则不但领导上可能被动，而且对生产亦可能产生若干不良影响（即发生‘割韭菜’的顾虑）”的意见。刘少奇则在七届三中全会上作的《关于土地改革问题的报告》中指出：“我们所采取的保存富

① 《回顾》上卷，第 130 页。

② 《回顾》上卷，第 127 页。

农经济的政策，当然不是一种暂时的政策，而是一种长期的政策。这就是说，在整个新民主主义的阶段中，都要保存富农经济的”。① 可见，问题的分歧点在于，毛泽东同志将保存富农经济当做只是推进土改的手段和策略，刘少奇同志则将保存富农经济看成是巩固新民主主义社会这一构想的一部分，这一分歧，事实上是他们在后来指导合作化方针上分歧的一种表现。

实际上，保存富农经济的政策并没有坚持多长时间，薄一波在1952年11月给毛泽东的报告中写道：继1951、1952年两年对中央互助会议精神传达后，到1952年冬和1953年春，“农业生产合作运动呈现为高潮，社会主义空气逼人，许多人怕冒富农之尖，富农在农村中实际成为不合法的了”。新老富农都面临着相当的政治压力。1953年12月，经毛泽东审查修改以后发布的中共中央宣传部《关于过渡时期总路线学习和宣传提纲》明确宣布：“逐步由限制富农剥削直到最后消灭富农剥削。”取消了保护富农的政策。

前面我们已经说过，富农经济有封建性和资本主义性的双重特色，特别是新式富农经济，更有较明显的资本主义因素，是当时农村比较先进的经济成分，因此，富农一度被称为农村中的资产阶级。保护富农经济是与保护民族资产阶级相一致的，在当时也确实促进了生产力的发展。而旧中国农业底子薄，基础很差，这固然需

① 《刘少奇选集》下卷，第40页。

要组织起来的生产经营方式，也不能排除发挥其他成分的有益的促进作用特别那些实践证明有助于经济发展的成分。在确保发展生产力的总目标前提下，推动农业的生产合作就必须努力克服急性病，防止工作过粗、防止排挤、取消其他经济成分以确保农业经济整体的发展。保护富农的政策不能较长期地坚持下去，与毛泽东同志和刘少奇同志在合作化指导方针问题上的不同认识有一定关系。自然也影响了合作的进程。正像薄一波同志所写的那样，“经验证明：农村的社会主义改造步子搞得太急，土改中的事实表明行之有效的保存富农经济政策在土改后未能坚持一段时间，对我国农村的社会主义经济发展带来了某些不利的影响。”①

（三）如何正确对待少数地区出现的“两极分化”苗头

伴随着“中农化”趋势，土改后一些经济较发展的地区产生了两极分化的现象，据湖南、湖北、江西三省典型调查，出卖土地的户数占总农户的12.9%，比1952年增加5倍半，出卖土地的亩数占总土地亩数的0.22%，比1952年增加5倍。由于土地的出卖，有的中农下降为贫农，贫农则靠出卖劳动力为生。土地租佃关系、高利贷、雇工现象也到处出现，助长了这一“极”的分化趋势。② 据湖南、湖北、江西、广东四省

① 《回顾》上卷，第137页。

② 苏星《我国农业的社会主义道路》第30页。

16 个乡的调查，1953 年放债户占总户数的 10%左右，比 1952 年增长 1 倍，贫农中约有 1/3 的户借债。① 另一“极”是新富农的出现。据黑龙江、吉林、辽宁三省典型调查，2 054 户农民中，新富农有 16 户，占总户数的 0.78%，有的地方达到总户数的 4.6%。② 对此，毛泽东同志指出：“在最近几年中间，农村中的资本主义自发势力一天一天地在发展，新富农已经到处出现，许多富裕中农力求把自己变为富农。许多贫农，则因为生产资料不足，仍然处于贫困地位，有些欠了债，有些出卖土地，或者出租土地。这种情况如果让它发展下去，农村中向两极分化的现象必然一天一天地严重起来”。③ 刘少奇同志却认为，在“农民的自发势力和阶级分化已开始表现出来”后，“幻想用劳动互助组和供销合作社的办法去达到阻止和避免此种趋势的目的”，“这是一种错误的、危险的、空想的农业社会主义思想”。④

这里，我们且不论关于农村中自发势力和农业社会主义空想的提法，单就当时出现的两极分化苗头而言，我们认为应该看到这种现象的地区局限性，它主要出现于部分经济发展较快的地区，如湖南、湖北、广东、江西、山西、四川及东北地区，这是一些商品经济发展较有传统，历史上也较富裕的地区。在这样一些地区，在

①② 苏星《我国农业的社会主义道路》第 32 页。

③ 《毛泽东选集》第 5 卷，第 187 页。

④ 《回顾》上卷第 188 - 189 页。

当时市场经济背景下，农民个体经济的小商品特征自然而然地要表示出来，并且显露得更多一些，这是不足为怪的。问题是，在生产力水平很低下的新民主主义阶段对这种由市场经济带来的农民分化，是否应采用组织合作社的方法加以“阻止和避免”，或者应以国家的力量给有困难的农民以经济支持，或者组建互助合作组织与之竞争，以真正体现多种经济成分共存共同发展的新民主主义经济特征。因为，个别地区的两极分化，实质上是当时市场条件下生产力各要素的一种流动和相应集中，一定程度上有利于扩大生产规模，改变人均占有生产资料很少的情况和发展生产的困难局面。也会促进农业生产的发展。1950 至 1952 年农业生产的连续增长就说明了这一点。我们组织农业互助合作也是为了发展生产力，二者目标是一致的。而在生产发展的过程中，必然会出现贫富的差异，而不是截然的平均。但这并不是说不要组织合作组织，因为我们的目标是社会主义，应求得生产力的综合的整体的发展，而不应以一种经济成分的发展取消了另一经济成分的发展。

（四）关于东北地区党员雇工的争论

这场争论，是和保存富农经济的政策密切相关的，也是由《东北局一九五〇年一月份向中央的综合报告》引起的。报告中说，在一般群众的经济普遍开始上升的情况下。“有些党员开始雇长工，如桦川孟家岗有 6 个党员雇了长工，要求退党，开通一个屯子 21 个党员，明年有 8 个准备雇长工，群众中也有 7 个准备扩大经营，两者合占全屯数的百分之五，再如延寿村于杜青山，因马多想雇‘劳金’扩大经营。但又觉得党员不应剥削人，结果把马分散，参加互助组，说自己好好工作，生产上自己不准备发展了。又该县田山子村支书到县里受训，听了党员不应剥削人的课回家后全家大哭，准备出卖牲口，解雇长工，感到没有前途”。“许多党员不了解党允许群众雇工，允许不允许党员雇工（因为不少党员经济发展很快）”。① 问题就这样提出来了：党员雇工是经济发展的结果，也是为了进一步发展生产；但党的性质规定党员不能剥削人，于是一些党员就分散了自己的生产资料，解雇了长工，把生产退回到了原来单纯个体经营的低水平。那么，究竟中国新民主主义农村经济应当如何？农民应该经过怎样的道路走向富裕？除了组织起来之外，农村还要干什么？

报告认为，东北农村发展的方向是使绝大多数农民上升为丰衣足食的农民，而要做到这一点则必须使绝大多数农民“由个体逐步的向集体方向发展”，因此，报告认为，“从原则上讲党员是不允许剥削人的，但党员在土地改革后因劳动生产而上升为富农者，按中央组织部的规定：“其党籍暂仍保留，但如果上升为新富农后，在思想上蜕化，在政治上变质，确已失去作为一个党员的起码条件时，自应依照党章开除其党籍，以保持党的纯洁性。党员要雇工时，应说服他不雇工，多买车马参

① 《汇编》上册，第9页。

加互助组提高生产，以增加自己的收入，并带领其他农民”。“党员不参加变工组是不对的”。“但以上问题应采取教育方法解决，非在必要时，不采用组织手段解决”。① 这个报告1950年1月4日在《东北日报》上以《把互助合作组织提高一步》为题发表，同时上报给中央组织部。

20天后，刘少奇签发了中组部复东北局的信，指出“党员雇工与否、参加变工与否，应有完全的自由，党组织不得强制，其党籍亦不得因此停止或开除”。“在今天农村个体经济基础上，农村资本主义的一定限度的发展是不可避免的，一部分党员向富农发展，并不是可怕的事情，党员变成富农怎么办的提法，是过早的，因而也是错误的”。② 这个复信基本精神是正确的，它符合参加合作组织（包括党员）完全自愿的原则；指出在新民主主义阶段，党员雇工，使资本主义在一定限度内得到不可避免的发展，是有益的，而不是可怕的；故从生产发展的角度，当时不应加以阻止。

在当天晚上，刘少奇还基于他1949年秋对东北的调查了解，与原中组部常务副部长安子文等同志谈了他对东北有关问题的看法：除了谈到“没有机器工具的集体农庄是巩固不了的”，变工互助不能发展到集体农庄；和“现在对富农雇人买马不要限制，三年之后再限制”

① 《汇编》上册，第11-12页。

② 《回顾》上卷，第197页。

外，还具体谈到了党员雇工问题。他说："党员成为富农其党籍怎么办？这个问题提得过早了。有剥削也还是可以做社会主义者的，圣西门是一个资本家，但他也是一个社会主义者，虽然当时是空想的。现在是私有制社会。党员生产发家了，要将财产交公也交不出去，将来在实行集体（化）时，将自己的财产交公，这种富农党员也是好党员。因此，即使东北将来有1万富农党员也不可怕，因为过几年，东北可能会有100万党员，这1万人若都不好，被开除也不要紧。认为（当）党员便不能剥削，是一种教条主义"。[①] 刘少奇的这段话，重点讲新民主主义阶段应实行新民主主义政策：而东北地广人稀，没有车马生产便不能很好地进行，允许栓车买马雇工，是生产力发展的客观需要，对这种做法不应一味地阻止和限制。而应在限制党员剥削的同时，鼓励党员以各种形式带头发展生产。但讲话中也有值得分析的地方，比如讲富农党员可以剥削的问题，后来周恩来同志就说是"过头"了。[②] 但要看到当时，《共同纲领》刚刚颁布，斯大林在中苏高级会谈中也指出中国当前要保存富农经济，这无疑是总结了苏联农业集体化的历史教训。而我们面对的又是一个饱受战争创伤、原本又一穷二白的局面，如何发展生产，多渠道、多方式地提高生产力水平，是我们面临的当务之急。刘少奇同志的过头

① 《回顾》上卷，第197－198页。

② 《回顾》上卷，第199页。

说法，也是在这种背景条件下提出来的，而且他并没有抹杀农村向社会主义集体化的过渡，只是认为时机尚未成熟。也是可以理解的。

这个谈话记录到了高岗手里后，他在北京面交毛泽东，毛泽东同志将它“批给陈伯达看，对少奇同志谈话的不满，形于颜色”。① 可见，毛泽东对于互助组能否过渡到集体农庄、合作化要不要机器工具为前提以及党员雇工剥削是否教条主义等问题，是明显有自己的不同看法的。

(五) 关于山西农村办社的争论

1951 年，围绕山西省发展农业合作社问题，党内领导层中有一场不大的争论。争论的问题集中表现为土改后老区的互助组织要不要提高一步，但也牵扯到农民的“中农化”趋势，对待富农政策，农村的两极分化、互助合作组织的涣散等问题。归结到土改后要不要起步向社会主义过渡的实质问题上。

争论是这样引起的：1950 年 11 月 14 日，山西省长治地委在《人民日报》发表文章，指出土改后农村出现两极分化趋势，有些互助组涣散解体，华北局政策研究室随即派调查组去长治。到时，地委已决定将 10 个互助组转为农业生产合作社。以防止两极分化。调查组将他们时此的不同看法写成了报告上报华北局，同时向山西省委汇报。省委认为，适当动摇和否定私有制没什

① 《回顾》上卷，第 198 页。

么不可以，并在三月决定在长治地区各县，每县试办几个农业生产合作社。3 月 17 日，华北局以《人民日报》社论《华北春耕中应当注意的八件事》的形式，发表了对互助合作的观点：要求在尚无互助组的地区，应广泛发展各种形式的农业生产互助组；已有互助基础的地区，则应在农副业结合的基础上，进而与采用新式农具、大农具及其他提高农业生产技术的工作相结合，充实新的生产内容；互助组中伙买公共农具等现象，只可在农民觉悟程度和组织程度较高的地区适当提倡。① 说明华北局是不同意山西省委的意见，而是支持调查组的意见的。

4 月 14 日，山西省委向中央、华北局写了《把老区互助组织提高一步》的报告，指出山西老区由于经济的恢复，一部分农民已达到富裕中农的程度，某些互助组发生了涣散的情形。“实践证明”，“农民自发力量”“向着富农方向发展”，而不是“向着我们所要求的现代化和集体化的方向发展”，这是“互助组发生了涣散现象最根本的原因”。这个情况如不注意，就会使互助组要么涣散解体，要么变成富农的庄园。但另一方面，也有不少互助组产生了新的因素。在这样一个转折点上，省委主张；通过扶植与增强互助组内“公共积累”和“按劳分配”两个新的因素，逐步战胜农民的自发趋势，引导互助组向更高一级形式发展。公共积累“按成员享

① 《回顾》上卷，第 186 - 187 页。

有”，“一人一票，出组不带”，“虽然没有根本改变了私有基础，但对私有基础是一个否定因素。对于私有基础，不应该是巩固的方针，而应当逐步地动摇它、削弱它，直至否定它”。“农业生产合作社的分红问题”，“应采取按劳力，按土地两个分配标准，按土地分配的比例不能大于按劳力分配的比例”，并要逐步加大按劳分配的标准。以增强这两个“进步的因素”，使老区的互助组织前进一大步。①

华北局在 4 月 17 日接到报告的前后，曾两次请示刘少奇同志，刘少奇同志认为现在动摇私有制，条件不成熟；没有拖拉机等，不要急于搞农业生产合作社。4 月下旬，华北局召开五省互助合作会议，山西代表支持搞农业生产合作社的意见，并没有得到其他四省的同意。据此，华北局于 5 月 4 日正式批复山西省委并报中央。批语说：“用积累公积金和按劳分配来逐步动摇、削弱私有基础直至否定私有基础，是和党的新民主主义时期的政策及共同纲领的精神不相符合的，因而是错误的。”目前处于新民主主义革命而不是社会主义革命阶段，“提高与巩固互助组的主要问题，是如何充实互助组的生产内容，以满足农民进一步发展生产的要求，而不是逐步动摇私有的问题。这一点必须从原则上彻底搞清楚”。“农业生产合作社全省只能试办几个作为研究，展览和教育农民之用。即使试办，也要出于群众自愿，

① 《汇编》上册，第 35 - 36 页。

不能强行试办，更不宜推广”。①

刘少奇同志在接到华北局批转山西省委的报告后，连续在几个不同场合对山西省委的观点提出了批评。

5月7日在全国宣传工作会议上说：“山西省委在农村里边要组织农业生产合作社（苏联叫共耕社），这种合作社也是初步的。”“这种合作社是有社会主义性质的，可是单用这一种农业生产合作社、互助组的办法使我们中国的农业直接走到社会主义化是不可能的”。“那是一种空想的农业社会主义，是实现不了的”。他着重指出：“农业社会化要依靠工业”。

7月3日，刘少奇同志给山西省委的报告作了如下批语：“在土地改革以后的农村中，在经济发展中，农民的自发势力和阶级分化已开始表现出来了。党内已经有一些同志对这种自发势力和阶级分化表示害怕，并且企图加以阻止和避免。他们幻想用劳动互助组和供销合作社的办法达到阻止和避免此种趋势的目的。已有人提出了这样的意见：应该逐步地动摇、削弱直至否定私有基础，把农业生产互助组织提高到农业生产合作社，以此作为‘新因素’，去‘战胜农民的自发因素’。这是一种错误的、危险的、空想的农业社会主义思想。山西省委的这个文件，就是表现这种思想的一个例子，特印发给各负责同志一阅。”② 这个批语同时印给了马列学院

① 《汇编》上册，第33页。

② 《汇编》上册，第23页。

一班来春藕斋听刘少奇上课的学员们。

7月5日，刘少奇同志在给马列学院学生做《中国共产党今后的历史任务》的讲演时，也对山西省委的报告提出批评。他说，因为“对农民自发力量表示害怕”，便想“用‘提高农业生产互助组织，引导它向更高级一些形式，以彻底扭转涣散趋势’，这完全是空想。农业生产互助组织提得更高，数量就会更少。它完全不能阻止，还要增加农民自发趋势”。“企图在互助组内逐步动摇、削弱、直至否定私有制走上农业集体化。这是完全的空想”。他强调：这种想法“在目前是冒险的‘左’的、带破坏性的，在将来是右的、改良主义的”。“目前的互助组或供销社都不能逐步提高到集体农场。集体农庄是另外一回事，要另外来组织”。

许多同志都知道，在1948年7月27日，中央以《新华社信箱》的名义发表了一篇《关于农业社会主义的问答》，从理论和实践上批判了土改后农民中间的绝对平均主义倾向。文件中指出，这种绝对的平均主义是“反动的、落后的、倒退的”，“必然要使社会生产力大大降低和后退”。还带有预见性地指出：“在土地改革以后，农村中的经济竞争不可避免地会有新的阶级分化”，“这种竞争与新的阶级分化，即在新民主主义的社会里也是不可避免的，而且是被允许的，不是可怕的”。又指出：“社会主义不是依靠小生产可以建设起来的，而是必须依靠社会化大生产，首先是工业的大生产来从事建设，没有大量的成千成万的农业机器供给农民使用，并使农民有可能团结于集体农场之中，而想实现社会主义的农业，那只能是反动的幻想”。“其结果决不是什么社会主义的农业，而将是社会生产力的破坏和倒退”，这一文件至少可以说明少奇同志上述批示和谈话的基本思路，具有重要的理论意义和实践意义，甚至今天读来也是“温故而知新”。

7月25日，在华北局向中央做的《关于华北农村互助合作会议的报告》上，刘少奇作了多处修改，更突出地强调不能由互助组直接地走向集体化。修改中增加较多的地方。一是在农业集体化必须以工业化、机械化及土地国有为条件，否则便无法改变小农的分散性、落后性之后，加上了“将来在这些条件下普遍组织起来的集体农场，对于目前的农业劳动互助组来说，是一种完全新的组织。在集体农场组织之后，目前形式的互助就没有必要了”。二是在讲到巩固互助组主要依靠充实生产内容一段，加了“在长时期内，在农民中就进行了一种实际上的集体主义教育，是将来组织集体农场必需的思想基础”。①

总起来看，刘少奇同志是从生产力发展的水平看待互助组与合作社的，认为在当时生产力总体水平很低的基础上，主要的任务是保存小私有制，巩固互助组，充实生产内容，而不是急于做所有制方面的改变。认为当时情况下这样做，这样想，是左的、空想的。应该等到

① 《回顾》上卷，第187-191页。

工业生产力发展了，机械化、化肥、土地国有条件具备了，才能在此基础上建立全新的集体农庄。可见刘少奇同志并非不赞成农业走社会主义道路，而是强调以生产力的发展水平为前提，打下扎实的基础后稳步进行。当然，他的观点中也有偏颇之处，如坚持互助组不能过渡到集体农庄，倾向于认为农业生产合社不可以试办等，虽是从一定角度上得出的结论，但也反映出了一定程度的不全面性。

随后，毛泽东同志找刘少奇及华北局负责同志谈话，明确表示支持山西省委的意见。同时，指示召开互助合作会议。他批评了互助组不能生长为合作社的观点和现阶段不能动摇私有基础的观点。他说，既然西方资本主义在其发展过程中有一个工场手工业阶段，即尚未采用蒸汽动力机械，而依靠工场分工以形成新生产力的阶段，则中国的合作化，依靠统一经营形成新生产力，去动摇私有基础，也是可行的，据说毛泽东同志就这样说服了刘少奇等同志。

此后，毛泽东同志采取了一系列措施：9月，全国第一次互助合作会议召开，会后，毛泽东同志派陈伯达起草了《关于农业生产互助合作的决议（草案）》，指出在土地私有或半私有基础上的农业生产合作社，是向农业社会主义化的过渡形式；但不能不顾生产条件，在现在就过早地否定私有，实行绝对平均主义，一蹴而就地在农村完全达到社会主义。10月17日，毛泽东起草了中央转发东北局10月14日《关于东北农村的生产合作互助运动的报告的通报》，肯定了东北的方针，并作为《党内文件》下发给各地学习。11 月 21 日，毛泽东起草《中央转发河北省委关于恢复和发展农业生产的报告的批语》，指出，“吸取其中有益的经验在各省推广施行”。河北省委给华北局的这个报告中称，河北互助组今年已由 60 万发展到 100 万个，并有 22 个土地入股的农业生产合作社；互助合作组织已经成为生产运动的中坚力量。故应加强对互助合作的领导，发展各种互助合作组织。[①] 12 月 15 日，毛泽东同志在《中央关于印发农业生产互助合作决议（草案）的通知》中，要求各地“即照此草案在党内外进行解释，并组织执行。这是在一切已完成土地改革的地区都要解释和实行的，请你们当作一件大事去做”。[②] 初期的农业互助合作就开始蓬勃地发展起来了。

二、关于指导方针的认识差异

上述一系列争论，关键在于土地改革完成后，中国农村是否应该立即起步向社会主义过渡。换句话说，毛泽东同志和刘少奇同志的争论焦点并不在于是否向社会主义过渡，而在于什么时候，什么条件下过渡的问题。这个问题还集中体现在刘少奇同志关于巩固新民主主义

① 《建国以来毛泽东文稿》第二册，第 517 页。

② 《建国以来毛泽东文稿》第二册，第 578 页。

制度的构想中。

众所周知，毛泽东在《新民主主义论》中提出了新民主主义革命理论，也是他对新民主主义社会的构想，其中心思想是：新民主主义革命的前途是社会主义，而不是资本主义；中国革命必须分两步走，第一步建立新民主主义社会，第二步建立社会主义社会；新民主主义社会是向社会主义过渡的时期，必须以经济建设为中心，实现由农业国向工业国的转变以及五种经济成分共同发展等。

根据毛泽东同志的《新民主主义论》，刘少奇同志也提出了他自己关于巩固新民主主义制度的构想。1951年他在为第一次全国组织工作会议起草的《共产党员标准的八项条件》中说："中国共产党的最终目的，是要在中国实现共产主义制度。它现在为巩固新民主主义制度而斗争，在将来要为转变到为社会主义而斗争，最后要为实现共产主义制度而斗争。"明确提出了"巩固新民主主义制度"的口号。他还说："新民主主义革命一般地不破坏私有财产的制度，但社会主义就首先要在工业中然后在农业中破坏私有制。"①

其实，还在新中国建立之前的1948年，刘少奇同志已开始思考是否搞一段新民主主义的问题了。如前所述，1948年9月8日在西柏坡召开的政治局扩大会议和12月25日华北财经委员会的会议上，刘少奇同志分

① 《刘少奇选集》下卷，第62页。

别做了《关于新民主主义的建设问题》和《新中国经济建设的方针与问题》的报告提出了民主革命胜利后不要过早采取“社会主义的政策”的主张。他认为：一、五种经济成分中国营经济顶多占10%～20%。二、搞社会主义就意味着实行公有制，而中国与俄国情况不同：俄国资产阶级二月革命后完全站到了反革命一边，中国的民族资产阶级具有革命性的一面，和我们一同反帝反封建，感情一直没有破裂。我们的新民主主义政权没有必要像俄国那样立即推翻资产阶级、取消生产资料私有制，还要请资产阶级来参加。三、资本主义工商业还占有很大的比重，是国民经济中不可缺少的一部分，适当发展对国民经济也是有利的。我们和民族资产阶级至少“可搭伙10年至15年”。刘少奇进而认为，各种经济成分包括社会主义和资本主义在成分之间的矛盾可以用“经济竞争”来解决。无产阶级有领导权，又掌握国家的主要经济命脉，只要引导得当，一定可以取得胜利。但“决定的东西是小生产者的向背，所以对小生产者必须采取最谨慎的政策”。不仅要给他们以土地，“还须进一步使他们成为小康之家”。要通过合作社（指供销合作社）的形式去团结他们，使集体经济与国家经济相结合，一道走向社会主义。①

1951年7月3日，刘少奇在中南海春藕斋的讲话（对马列学院学生的报告提纲《中国共产党今后的历史

① 《刘少奇选集》下卷，第62页。

任务》）对这个构想作了进一步的发挥。他认为：一、“新民主主义经济是一种过渡性质的经济”，“新民主主义阶段”大约在10到20年之间，二、这个阶段的中心任务是发展生产力，完成工业化。“只要第三次世界大战不爆发，经济建设的任务就不变”。要“一切以经济建设为中心”。三、应当使五种经济成分都得到发展，但要使“社会主义与半社会主义性质的经济，比重要逐步增大，私人资本主义经济的比重、个体经济的比重，要相对缩小，其作用也要相对缩小”，“以便逐步地稳当地过渡到社会主义”。四、国民经济恢复之后应以主要力量发展农业、轻工业及必要的军事工业，然后建立和发展重工业。五、反对过早地“动摇、削弱、直到否定私有制”和过早地采取社会主义步骤。他认为实行社会主义就意味着在城乡触动私有制。在城市，过早地实行工业国有化会伤害私人资本主义经济和个体经济的积极性，不利于发展生产；在农村，国家拿不出机器、化肥等工业品满足农民需要，实行集体化也不可能。“私有权在今天中国的条件下，一般地还不能废除，并对提高社会生产力还有其一定的积极性。”过渡阶段可以采取扩大社会主义、半社会主义经济，提高其比重的办法，而不要“侵犯私人资本主义的财产”，“打草惊蛇”。在农村，“对私有制‘又动又不动’是不对的。太岁头上动土。你去动摇一下，削弱一下，结果猪牛羊杀掉”，是对生产力的破坏。六、中国走到社会主义和共产主义，是“很久以后的事情”。要等到“工业大大发展了，农业也有了大发展，国家经济的领导更加强了，数量多了，党的技术干部也有了，工人阶级和农民的联盟在政治上经济上都巩固了，那时，就会要采取进入社会主义的步骤。”①

这个构想，是从全局上去探讨新民主主义国家所应采取的方针、政策及未来走向的。

这个构想同样较多地涉及农村的个体经济，认为小生产者的向背是一个关键因素。它与刘少奇同志对农业合作化的看法是一致的。它的核心是不能过早地采取社会主义步骤，不能过早地动摇、削弱及至否定小生产者的私有制。刘少奇之所以一再强调这一点，原因之一就是，他认为互助合作组织不能过渡到集体农庄，今天组织起来的互助组、合作社与将来的社会主义集体农庄没有关系，集体农庄要等到实现了土地国有、机械化、有了化肥等之后，在较高生产力水平上组建起来。这里除了吸收了苏联农业集体化的历史经验之外，更强调了生产力的发展水平决定生产关系的变革，这一马克思主义的理论原则。所以，在这个构想中，他鉴于生产力水平的低下，强调发展生产力是当务之急，自然而然地得出了对有利于生产发展的私有制不能过早地动摇、削弱乃至否定的看法。他强调经济建设的中心不可动摇、五种经济成分都得到发展等观点，也明显是与这一看法相一致的。从这个思路出发，他认为新民主主义经济包含资本主义因素和社会主义因素，土改后在经济政策上应是

① 《回顾》上卷，第46－62页。

"二元并存"的。社会主义、半社会主义经济比重提高，同时保存私有制，只是比重"相对缩小"。这个思路体现在农业合作化的问题上，就表现为他一直反对在土改以后，用推进、扩大互助合作组织的途径，立即起步向社会主义过渡。这从上述争论中明显看出，刘少奇同志认为互助组的任务是充实生产内容，为建立集体农庄准备施行机械化、施用化肥、土地国有等条件；反对用提高互助合作形式的办法去阻止农民中农化的趋势、消除两极分化的苗头；反对剥夺富农，反对限制和禁止党员雇工，认为这样做只能是一种农业社会主义的空想。可见，刘少奇同志关于当时应保存私有的观点与农业合作化不能通过互助合作组织来实现的观点是互为因果的。

对于刘少奇巩固新民主主义制度的构想，毛泽东同志也有明显的不同看法，这从上述一系列争论中可以看出。1953 年在 6 月的政治局会议上，毛泽东就对"确立新民主主义社会秩序"、"确保私有"等观点提出了批评。他说："'确立新民主主义社会秩序'，怎样确法？每天在变动，每天都在发生社会主义因素。所谓确立，是很难哩！比如商业，今年下半年准备确立，明年就不确了。农业合作互助也年年在变。所谓过渡时期，就是很剧烈很深刻的变动。按照它的社会深刻性来说，资本主义到十五年基本绝种了。过去枪炮激烈，不决定资本主义绝种"。① 毛泽东一直坚持组织起来走合作的道路，

① 《回顾》第 65 页。

自然强调过渡时期社会主义因素的不断增长的事实。

过渡时期要用实现合作化的方法向社会主义过渡，这在七届二中全会上已形成了决议，也写进了政协的《共同纲领》中。毛泽东和刘少奇不一致的是，毛泽东同志认为过渡时期虽然存在资本主义和社会主义因素，但要实现资本主义绝种的目标，在农村就必须组织起来，走合作的道路，限制富农、禁止雇工，防止两极分化现象，甚至提出“要使小生产绝种”。对于这两位领导人的不同观点的历史评价是很困难的，各有其不同的理论根源和历史背景，时至今日，我们绝不应以简单化的方式做出此是彼否的结论，它只使我们懂得在中央高层领导核心作出重大决策时，必须充分发扬民主，耐心听取不同的见解，恰如其分地做出决定，实现名副其实的集体领导，这是我党的宝贵的历史遗产。

刘少奇同志的远见卓识使他正确地指出了几个马列主义理论的根本性问题：

（1）社会主义不是单纯私有制向公有制的升级和过渡，而是全社会生产力的极大发展，中心是国家的工业化，能实行农业机械化，施用化学肥料和其他先进的耕作方法，以至可以实行土地国有。

（2）不能对小生产者强迫命令地剥夺他们的小私有权。只能帮助他们发展生产，互相开展经济竞争。

（3）在实现社会主义工业化以前，必须有一个较长的发展生产力的时期，这就是新民主主义社会，五种经济成分共同发展，互相补充。农民在此期间可以组织互助合作，但是不能妄想这种在私有制基础上的互助合作就可以走到社会主义。

少奇同志的这些意见有预见性地、正确地指出了农业合作化中后期急于向集体过渡的历史性错误的理论和认识根源。

马克思列宁主义关于合作化和私有制的看法始终是辩证统一的。马克思主张土地国有。在马克思的《中央委员会告共产主义者同盟书》中说“必须要求没收下来的封建地产变为国家财产，变成工人农场，由联合起来的农村无产阶级利用大规模农业的一切优点来进行耕种”，以巩固工农联盟。① 但马克思不主张在小农经济占优势的国度里实行国有化，而是主张实行集体所有制。“凡是农民作为土地私有大批存在的地方，凡是像在西欧大陆各国那样农民甚至多少还占多数的地方，凡是农民没有消失，没有像在英国那样为雇农所代替的地方”，“无产阶级将以政府的身份采取措施，直接改善农民的状况，从而把他们吸引到革命方面来”。“这些措施，一开始就应当促进土地私有制向集体所有制的过渡，让农民自己通过经济的道路来实现这种过渡；但是不能采取得罪农民的措施，例如宣布废除继承权和废除农民所有权”。②可见，马克思、恩格斯的土地集体所有的主张，一开始就是与农民所有权问题联系起来考虑，强调既要向集体所有制过渡，又不能得罪农民，废除农

①② 《马克思恩格斯选集》第1卷，第452－454页。

民所有权。

他们进一步指出，要实现上述过渡以至向共产主义的过渡，“必须大规模采用合作化生产为中间环节。”列宁也在《论合作制》中指出“农民是一个特殊阶级，他们是劳动者，……又是私有者”，合作社是引导农民进入社会主义的“简便易行和容易接受的方法”，是把“私人利益，私人买卖利益与国家对这种利益的检查监督相结合的尺度，使私人利益服从共同利益的尺度”。列宁甚至提出：“合作社的发展就是社会主义的发展”。①

在集中反映马克思、恩格斯农业合作基本理论的《法德农民问题》中，恩格斯进一步分析指出：小块土地的所有者“是一种属于过去生产方式的残余”，他们总是拼命地抓住土地不放，但“在我们的时代已经不再赋予这些生产者以真正的自由”，“靠自力耕种为生的小农既非牢靠地占有自己的小块土地，也不自由”，而是不断受着商人高利贷者的盘剥，其破灭是不可避免的。恩格斯强调，引导农民加入合作社“不是采用暴力，而是通过示范”。无产阶级政府要竭力使小农的“命运较为过得去一些，如果他们下决心的话，就使他们易于过渡到合作社，如果他们还不能下决心，那就是甚至给他们一些时间，让他们在自己的小块土地上考虑考虑这个问题”。这就是说，我们可以允许农民等待观望。但这

① 列宁《论合作制》。

并不是“要长期保全小块土地所有制”，“恰恰相反，我们党的任务是随时随地向农民解释：他们的处境在资本主义还统治着的时候是绝对没有希望的，要保全他们那样的小块土地所有制是绝对不可能的”。“资本主义的大生产将把他们那无力的过时的小生产压碎，正如火车把独轮车、手推车压碎一样是毫无问题的”。① 因此，必须用合作社改造小农，使农民自己通过经济的途径去实现由土地私有向集体所有的过渡。

恩格斯还指出在合作社中，不一定要马上改变土地所有制关系：“这就是建立租佃者和农业工人组成的农业合作社，共同耕种目前由他们各自耕种的土地……从而就能够使用农机具，利用蒸汽力，同时宣传土地国有化是运动的最终目的。”②

可见，马列主义的合作化指导思想就是必须实行由土地私有向集体所有的过渡；但这种过渡不能采取立即废除农民所有权这样得罪农民的方式，而应通过示范、通过教育等手段，花相当长的时间去完成。列宁认为“在最好的情况下，我们度过这个时代也要一二十年”。③ 因为，小农私有土地是一种过时的、脆弱的所有制，是不适应社会化大生产的需要的；无产阶级要巩固政权也要求改造小农，“把他们吸引到革命方面来。”

① 《马克思恩格斯选集》第4卷。

② 《马克思恩格斯全集》第44卷，第560页。

③ 列宁《论合作制》。

这就提出了又一个理论问题，就是在一个发展中的农业国家，当无产阶级掌握政权以后应该怎样对待作为小私有者的小农，在这个国家里主要经济命脉由国家掌握，资本主义不可能泛滥成灾，以至把“小生产压碎”，是否应该有一个允许小生产者存在和发展的阶段，以利于在整体上发展国家的生产力。

再来看一看新中国在土改完成后的情况：一、中国是一个一穷二白的国家，是小农经济的汪洋大海，要改变国家落后面貌：就必须实现国家的工业化，实现由农业国向工业国的转变，促成社会化大生产；而上述的两极分化苗头和中农化倾向，已经初步显示了，小农私有土地的脆弱性和落后性。土改完成时，我国户均占有耕地不足 2 公顷，这样的小规模耕作是难以抵挡水旱灾害的；必不可少的水利设施，则因土地私有所造成的过高的谈判成本，导致进展缓慢，1949 年我国的可灌溉面积是有 4 800 万亩，基础相当薄弱，这就使农民在发展生产的过程中困难重重，步履维艰，一遇自然灾害，只好出卖农具、种子、土地甚至房屋人口，造成上述两极分化的苗头。小块土地私人所有的另一个弊端是土壤改造困难。发展农业生产如果不提高生产力，只能是扩大可耕地面积，而传统的铁农具对盐碱地已无能为力，况且当时人均占有牲畜农具数量相当少，在西南多民族地区甚至还存在“刀耕火种”。分散地使用相当少的牲畜农具，自然也成为小土地所有者的不利因素，成为亟待改造的和解决的问题。还有一个弊端就是小土地所有者不利于采用新技术，新技术难以采用既与传统观念有关，更在于它需要一种统一的一致的农业经营体制。因此，也形成了较高的谈判成本，这些都是小土地所有难以解决的，是其落后性的表现。因此，从小土地所有的弊端来看，中国政府和广大农民都必须选择合作化。二、巩固新政权的需要也相当迫切，我们虽然没收了帝国主义和官僚资本主义企业，但国营企业当时所占的比例仅10%～20%左右，所以“小生产者的向背”就成为一个关键因素。只有改善小农的状况，引导他们过渡到集体所有制，才能使新政权真正站稳脚根。

但是，土改后农村明显存在着农民要求不断增加收入与支援国家工业化之间的矛盾。这对矛盾的核心是农民利益问题。马列主义合作化思想中的一个关键就是不能强行废除农民的所有权。中国革命的实践也反复证明了这一点，从《井冈山土地法》到《兴国土地法》及至整个土地革命时期，我们党成功的重要原因就是“分得的土地由他私有，自由买卖”，农民得到了土地所有权，便成了中国革命中的重要支持力量。这些决定了集体化的必然性，以及实现集体化必须注意的稳妥性。

刘少奇同志的关于向社会主义过渡就必须要触动私有制，从而反对过早地向社会主义过渡的构想，也存在着一些不足：把由互助组提高到农业生产合作社和向社会主义过渡与否定私有制两件事混在一起了。却没有看到以土地入股为特征的初级社，只要分红比例适当，允许退社带地，只是把农民的土地经营权交给了合作社统一使用，并没有否定农民的土地所有权（这只是一种产权的分解而已）。他只强调了过渡中不能否定私有，却没有注意当时的初级形式的农业生产合作社已是一种既能保留农民土地私有权又有利于集体统一经营以发展生产的事实。但是少奇同志的那些意见对于后来匆忙向集体化的过渡却是一针见血的金玉良言。他认为目前应充实生产内容，发展生产力，改善农民状况而不是急于推进和发展合作化，他的主张和邓子恢的主张基本一致。实际上，在当时生产力水平很低的条件下，农民生活整体水平不高的情况下，用已有的各种方式发展生产，改善农民生活，积极准备合作化的条件，在短期内，特别是国民经济恢复时期，也未尝不是取得农民信任和支持的好办法，也未必会给合作化增添麻烦。相反，在农民生活水平和生产水平有所提高，合作化也得到充分试验而获得了经验和竞争能力的基础上，逐渐加大合作化的力度和规模，也许效果会更好。在这方面，刘少奇同志关于不要过分害怕农民的两极分化；不要剥夺农民；不要把农民的绝对平均主义当成社会主义；以及不要离开工业去谈论农业合作化的观点，都是相当难能可贵的，至今也是值得我们记取的。可惜的是这些正确意见当时未被采纳。

总之，在实现合作化的目标已经确定的前提下，是否注意农民的主观愿望和切身利益，就成了关键。可惜毛泽东同志和刘少奇同志是从不同侧面去看这个问题的，且各有侧重。毛泽东虽然也注意到不能得罪农民，但他更注意土改后要起步向社会主义过渡，要使“小生产绝种”，“资本主义绝种”；但是他没有充分认识到只有实现国家的工业化才能真正使“资本主义绝种”和“小生产绝种”，以至于后来把“大炼钢铁”也当作工业化的一个步骤，造成了极大损失。刘少奇则在坚持过渡的同时，强调必须首先发展生产力，在条件不具备时不能否定小私有。这就为后来合作化指导过程中出现的一系列问题埋下了伏笔。

这一系列争论的另一个焦点，即先实现合作化再完成工业化还是倒过来先完成国家的工业化再实现合作化？刘少奇的观点很明显；认为目前还不具备实现合作化的条件，没有实行土地国有、没有机械化、没有化肥等条件，互助组不能过渡到集体农庄。因此，他提出目前应充实生产内容，而不是互助合作组织提高一步。因此，他提出要保存私有，要继续长期与民族资产阶级搭伙；他还提出应优先发展农业、手工业和军事重工业，然后再发展重工业，然后在此基础上完成合作化。毛泽东则与此相反，他认为：“既然西方资本主义在发展过程中有一个工场手工业阶段，即尚未采用蒸汽动力机械而依靠工场分工以形成新生产力阶段，则中国的合作化依靠统一经营去形成新生产力，去动摇私有制基础，也是可行的”。这一种观点忽视了农业生产和工业、手工业生产的不同条件，因为农业生产受自然条件制约很大，很难分工，“硬分开，反而多费劳力，提高成本费用”，“土地的不可移动性，使农业生产只能在散开的大面积上进行”。① 实际上毛泽东同志的这一论点是很勉强的，是缺乏说服力的。

这里，关键在于工业化和合作化的先后顺序上。两位领导人看来都是以历史经验（苏联和英国）为依据，但实际上却缘于对国情认识的准确度。而中国到 1949 年前，虽然资本主义有一定程度的发展，但终究我们面临的是一个小农经济的汪洋大海，一个被战争破坏得千疮百孔的烂摊子，我们没能建立起一个基本的国民经济体系，甚至不少工业产品都要靠进口。这样的窘况在中国人民已站起来之后必须改观，必须赢得经济上的独立，就必须努力实现国家的工业化。这也是世界历史的大趋势。为此，七届二中全会的决议和中国人民政治协商会议的共同纲领都把实现由农业国向工业国的转变作为重大目标提了出来。所以说在新中国成立后，必须重点搞经济建设；必须努力实现国家的工业化。

但当时中国实现工业化中只能走依靠农业支援工业的道路。世界发展中各国的工业化道路不外两条：依靠外援或者掠夺殖民地是一途径。如墨西哥、巴西等靠借外债走上了工业化的道路，但至今已不堪重负；巴西每年的国民收入尚不足偿还外债的利息，苦不堪言。况且中国当时确实没法得到外援；冷战伊始，毛泽东、周恩

① 杜润生《回忆邓子恢》中《是非功过自有后人评说》。

来寄予很高希望的苏联之行，只从斯大林那里得到很小的一笔有条件的援助，这对于百废待举的新中国建设事业来说，简直是杯水车薪；而当时西方国家则对我们施加经济封锁甚至军事封锁，加剧台湾海峡、朝鲜半岛的紧张局势。另一途径是走发展本国农业以提供工业化和城市所需的食品和原材料。其结果必然造成工农产品之间的剪刀差，加重农民负担，造成农业发展滞后，还得工业反哺农业，不利于国民经济协调平衡发展。因此，农业一直存在生产力水平低下，生产能力薄弱等问题，但无论如何，实现农业合作化，提供工业化所必需的资金积累，就成了工业化过程中的题中应有之义。

其实，这场争论今天从农业规模经营的角度看，刘少奇不主张立即扩大农业生产规模，而应创造实施规模经营的外部条件，即社会化大生产所需要的土地国有、工业化、机械化及化肥农药等条件具备之后才能实施。毛泽东的观点则是社会化的大生产必然会使生产力水平极低的小生产难以适应。因此，中国农业必须通过实现合作化而扩大生产经营规模，自然不能像刘少奇所说的那样保存私有，而应扩大劳动和生产资料的合作（公有）程度。从这个角度出发带来的一个偏向很可能就是生产规模越大越好。这就带来两个问题：一是把扩大经营规模与提高农业所有制的公有化程度等同了起来；二是把提高合作社的公有程度（改变所有制）和扩大规模当成了农村工作努力的主要方向。这也就是后来农业合作中出现一系列问题的思想认识根源，这些问题的出现，以及后来政治风云的变幻，就使农业生产规模化的指导理论走向了极端。合作社“越大越好”，公有化程度“越高越好”。

第二节　农业互助合作的初期发展

一、合作化决策的出台

关于农业合作化问题的一系列争论，最后归结到山西发展农业合作社的争论上。全党的思想基本上统一到毛泽东同志关于农业合作的指导思想上来了。随后，关于合作化的一系列政策先后出台。首先是关于互助合作问题的全国性工作会议召开之后，1951 年 12 月 15 日正式下发的《中共中央关于农业互助合作的决议（草案）》[以下简称《决议（草案）》]。

《决议（草案）》原来只写了农民有劳动互助的积极性，后来吸收了乡土作家赵树理关于农民只有个体生产的积极性的意见，一开始就指明了“农民在土地改革基础上所发扬起来的生产积极性，表现在两个方面；一方面是个体经济的积极性，另一方面是劳动互助的积极性”。指出“不能忽视和粗暴地挫折农民这种个体经济积极性”，“但是，党中央从来认为要克服很多农民在分散经营中所发生的困难，要使广大的贫困农民能够迅速地增加生产而走上丰衣足食的道路，……就必须提倡‘组织起来’，按照自愿互利的原则发展农民劳动互助的积极性。这种劳动互助是建立在个体经济基础上（农民私有财产基础上）的集体劳动，其发展前途就是农业集体化或社会主义化”。《决议（草案）》还进而概括说，目前互助合作的形式主要有三种，临时性、季节性的简单的劳动互助；常年的互助组以及土地入股为特点的农业生产合作社（也称土地合作社）。其中“以土地入股的合作社通常是在较好的互助运动基础上发展起来的，是农业生产互助运动在现在的高级形式”。

特别值得指出的是，《决议（草案）》在分析土改后农民的基本情况和农业互助合作运动的基本情况的基础上，批评了互助合作运动中存在的两种错误倾向：“一种是放任自流，采用消极的态度对待互助合作运动，看不出这是我党引导广大农民群众从小生产个体经济走向大规模的使用机器耕种和收割的集体经济所必须的道路。否认现在业已出现的各种农业生产合作社是走向农业社会主义化的过渡形式，否认它带有社会主义的因素。”另一种是急躁冒进，不顾农民的意愿和条件，“过早地不适宜地企图在现在就否定和限制参加合作社的农民的私有财产，或者企图对于互助组和农业合作社的成员实行绝对的平均主义的集体农庄，认为现在一蹴而就而在农村完全达到社会主义”。①

可以看出，这个《决议（草案）》目标是明确的。它一开始就指出农业走合作化的道路是唯一的正确选

① 《汇编》上册，第37页。

择，农业互助合作的任务是逐步克服农民的个体生产积极性，发扬互助合作的积极性，并逐步由简单互助向常年互助组以至农业生产合作社的方向引导。其次，这个《决议（草案）》所采取的步骤是稳妥的。它强调农业互助合作运动不能一蹴而就，急躁冒进，而要在自愿互利原则的基础上，不过早否定农民个体财产所有的基础上，逐步地由简单互助、常年互助向土地入股的农业生产合作社这一形式的发展。还有，这个《决议（草案）》集中了党内对农业合作的不同意见，特别是毛泽东和刘少奇的不同意见，如毛泽东发扬农民互助合作积极性、由个体经济向机械化生产的集体农业过渡、农业生产合作社是走向社会主义化的过渡形式等观点，如刘少奇不要过早地否定、限制农民的私有财产，不要挫折农民的个体生产积极性，不能在互助合作组织中实行绝对平均主义，不能急于达到社会主义等观点。因此，它是党的集体智慧的体现，是富有科学性和远见卓识的一个文件，是初期农业合作稳步健康发展的推动力。但只要仔细分析就会发现，毛泽东同志的观点占据了主导地位，如关于农民的两个积极性的分析，就是在兼顾两个积极性的同时，鼓励农民的互助合作热情。换句话说，就是在保障互助合作这一大方向的前提下，兼顾农民的两个积极性。当时中央政策制定中的不足，就使政策执行中兼顾的成分大打折扣，一定程度上影响了后来政策执行中的人为地不断拔高。

值得注意的是，这份文件是由毛泽东同志指定陈伯达起草的，陈伯达在起草中的思路，是值得分析的。据当时担任中共中央政研室农村组长的霍泛同志回忆，陈伯达原稿上的农民积极性只有一个互助合作积极性，在华北局征求意见时未能取得一致。毛主席让他征求老区作家赵树理的意见，于是邀请赵出席了华北局的座谈会。赵讲：我没有看到农民有互助合作积极性，只看见农民有个体经济的积极性，话说到这里，陈伯达就蛮横地批评赵树理"右倾"，一直到毛主席指示写上两个积极性，才作了结（陈伯达的这种蛮横的傲慢的动辄给有不同意见的同志扣帽子的态度是常常有的，我清楚记得1953年11月，中央第三次互助合作会议在和平宾馆小礼堂召开，刚刚传达完了毛主席的第一次讲话，与会同志还在相互核对笔记，他就要大家发言，当时华东局农工部副部长张维城同志站了起来刚讲了第一句话："华东地区的急躁冒进问题……"陈伯达就急不可待地指着他说："华东的问题不是冒进的问题"，一句话顶回去，全场都愣了，张副部长只有微笑着站在那里，大约沉默了五分钟，手拿着原来准备好的汇报提纲，也讲不下去了。——王立诚注）。

1953年2月15日，这个《决议（草案）》以中央正式决议的形式下发。从1952年9月开始，毛泽东同志逐渐酝酿提出过渡时期的总路线。1952年左右，伴随着农村中出现的互助合作和个体经营两种趋向及由此带来的一系列问题，城市中也开始出现一些新情况。同1949年相比，1952年民族资本有了一定的发展，私营工业增加 21.4%，职工人数增加 25.1%，总产值增加 54.2%；私营商业户增加 6.9%，从业人员增加 2.2%，零售额增加 18.6%，① 这对恢复生产、活跃流通、改善人民生活无疑起了积极作用；但资本家追求利润最大化的本性，也使腐蚀干部、偷税漏税、偷工减料、制假贩劣、盗窃国家财产和经济情报等不正当经营行为日益加剧。特别是"三反"、"五反"运动中部分资本家的不法行为得到充分曝光，使本来就没有削弱的劳资矛盾与对抗更加激化。"三反"、"五反"运动中一些地方出现了对不法资本家打击过宽过严的现象，某些舆论甚至走向了否定民族资产阶级两重性的极端，认为只有反动腐朽的一面。这些诱使毛泽东在批评过激做法的同时，开始思考人民民主专政下各阶级之间特别是无产阶级与民族资产阶级、社会主义与资本主义成分的关系问题，开始怀疑新民主主义社会这一特定历史阶段下民族资产阶级的进步性及对整个国民经济的影响问题。经过认真的思考的判断，1952 年 6 月 6 日，毛泽东在给中央统战部的一个文件上批示："在打倒地主阶级和官僚资产阶级以后，中国内部的主要矛盾即是工人阶级与民族资产阶级的矛盾，故不应再将民族资产阶级称为中间阶级。"② 实际上毛泽东已认为工人阶级同民族资产阶级的矛盾已

① 柳随年等《中国社会主义经济简史》第 68 页，黑龙江人民出版社。

② 《毛泽东选集》第 5 卷，第 65 页。

成为当时中国社会的主要矛盾。毛泽东的认识发生了重大变化，并导致重大的战略思想转变。1952 年 9 月 24 日，毛泽东在中央政治局书记处会议上第一次提到向社会主义过渡：我们现在就开始用 10 年到 15 年时间基本上完成社会主义的过渡，而不是 10 年或者以后才开始过渡。七届二中全会上提出的限制与反限制的斗争问题，现在内容就更丰富了，工业中，私营国营是三七开，商业零售是倒四六开。再发展 5 年，私营比例会更小，但绝对数字会有发展，这还不是社会主义。10 年以后会怎么样，15 年以后又怎么样？那时是新式的资本主义，他们已挂在共产党的车头上，离不开共产党了。"空前绝后"，他们的子女也将接近共产党了。农村也要向互助合作发展，前 5 年不准地主、富农参加，后 5 年可以让他们参加。① 1953 年 2 月毛泽东又在中央书记处会议上讲：比如过桥，走一步算过渡了一年，10 到 15 年走完了。在 10 到 15 年或者多一些时间内，基本上完成国家工业化及对农业、手工业、资本主义工商业的社会主义改造。② 1953 年 3、4 月间，中共中央统战部部长李维汉同志在赴南方各地调查研究之后写信给中央，提出通过发展国家资本主义来利用限制资本主义工业的建议，引起了毛泽东和中央的高度重视。6 月 15 日，中央政治局开会讨论这个建议，毛泽东在讲话中第

① 《回顾》上卷，第 213 - 214 页。

② 《中共党史研究》1988 年第一期，第 19 页。

一次对过渡时期总路线和总任务的内容作了比较完整的表述："党在过渡时期的总路线和总任务，是要在10年到15年或者更多一些时间内，基本上完成国家工业化和对农业、手工业、资本主义工商业的社会主义改造。这条总路线是照耀我们各项工作的灯塔。不要脱离这条总路线，脱离了就要发生'左'倾或右倾的错误。"1953年12月，由中央宣传部拟订、毛泽东修改、中共中央批准的《为动员一切力量把我国建设成一个强大的社会主义国家而斗争——关于党在过渡时期总路线的学习和宣传提纲》又在前边加上了"中华人民共和国成立，到社会主义改造基本完成，这是一个过渡时期"这样一段话，并修改了个别字词。至此，过渡时期的总路线完全成型。

总路线在战略上的重大转变首先是"一化三改"，工业化与对农业、手工业和资本主义工商业的社会主义改造同时进行。这就一改七届二中全会既定的在新民主主义阶段努力集中一切力量、以经济建设中心，完成国家工业化，在此基础上向社会主义过渡的战略方针。其次，这个总路线也因此改变了与其他阶级和其他经济成分的关系。比如对民族资产阶级已由合作基础上的利用、限制、改造变为改造前提下的利用、限制。其他成分也一样，都要服从"使生产资料的社会主义所有制成为我国国家和社会的唯一的经济基础"① 这一大目标。

① 《汇编》上册，第211页。

这时，毛泽东要让资产阶级绝种的观点已是呼之欲出，薄一波所说1953年底保护富农政策的取消也是事在必然。这就可以说，过渡时期总路线的提出，是后来合作化中模式单一化的发端。再次，这个总路线结束了各阶级的联合专政（人民民主专政）和各种经济成分协同发展的新民主主义阶段，也给刘少奇同志关于保存私有，保护富农，联合民族资产阶级，以发展经济为中心的新民主主义构想画上了句号，因为宣传提纲中已明确表示，"实现党在过渡时期的总路线，就是要扩大社会主义的全民所有制和社员集体所有制，把农业和手工业者以自己劳动为基础的私人所有制改造成为合作社社员的集体所有制，把以剥削工人阶级剩余劳动为基础的资本主义所有制改造成为全民所有制。……党在过渡时期总路线的实质，就是使生产资料的社会主义所有制成为我国和社会主义的唯一的经济基础"。① 不仅撇开农业合作化的外部条件，而且对作为小生产者的农民也像工商业和手工业的社会主义改造一样，重点转向了所有制的改变，并以建立清一色的社会主义所有制为目标。这样，社会主义的热浪逼人，合作化的路径也"直捷"得多了。

1995年，我党的老一代马列主义理论家廖盖隆同志发表的《全球走势，社会主义和中国传统文化》一文中指出：列宁的"新经济改革"是在经济文化落后的国

① 《汇编》上册，第205-211页。

家建设社会主义的必由之路。而斯大林在20年代末不顾党内的反对，废除了新经济政策，向变相的"战时共产主义政策"倒退，结果造成了"更大更惨的经济大破坏和大饥荒"。他指出，斯大林是有功的，但是他的"僵化的神采奕奕模式是束缚生产力发展的，因而最终走向失败"。他又说："毛泽东在1953年却照搬斯大林的使阶级斗争尖锐化的纯公有制的国家社会主义的僵化模式，而放弃了自己本来是正确的社会主义建设理论。其标志就是1953年12月毛泽东修改和批准发布的中共中央宣传部《关于过渡时期总路线学习和宣传提纲》这表明毛泽东在探索适合中国情况的建设社会主义道路方面已经走入了迷途。"①

第三个重大决策是粮食统购统销政策的制定。1953年11月，中央人民政府政务院颁布了《关于实行粮食的计划收购和计划供应的命令》，并于12月开始正式施行，这就是我们后来说的"统购统销"。

这一政策的出台，主要是因为农业生产，特别是粮食生产的落后与工业化建设的需要之间的矛盾日趋表面化和尖锐化。全国解放后，粮食供求紧张的矛盾就已显露出来，1949年10～12月就有过国家与投机商之间的"米粮之战"。由于稳定粮食市场和增加粮食产量两方面的艰苦努力，1952年我国人均占有粮食达570斤*，粮

①《学术月刊》1995年第8期。

* 斤不是法定计量单位，1千克=2斤，下同。

食总产增加到3 278.3亿斤，粮食形势开始逐渐好转，但由于当时粮食生产并未从根本上满足社会需求，这种稳定只能是脆弱的。

到1952年底，由于大规模建设的展开，脆弱的供求稳定局面再次被打破，粮食购销形势到1953年春开始变得日趋严重起来，粮食部报告说，1952年7月1日至1953年6月3日，粮食收支相抵赤字达40亿斤，6月30日的库存也将由上年的145亿斤减为105亿斤。7、8、9三个月，共收购粮食98亿斤，却销售了124亿斤，收的有增长，但销的涨幅更大，赤字越来越大。一些受灾地区和粮食脱销地区，小城镇和小集镇已开始发生混乱现象。成千上万的粮贩子大肆活动，用高价收购，拦路收购等方式，大量囤积粮食，这一方面妨碍了国家的粮食收购任务的完成，另一方面造成了农民的恐慌，江苏等地甚至发生了万余农民请愿要求购买粮食。此外，北京、天津等地区已发生了面粉供不应求的情况，国家1953年的粮食收购也将难以完成。

造成这些紧张情况的原因除了我国粮食生产能力低下（1952年人均仅570斤）导致供求紧张局势难以根本缓和外，主要是国家的粮食需求迅速增加：1953年我国城镇人口急速增加到7 826万人，比1952年增加663万，比1949年增加2 016万。这些城镇人口多来自农村，一方面减少了粮食自给性消费的人口，同时增加了需要国家供应粮食的人口，从而使粮食销量大增。而种植经济作物的1亿多人的粮食也需国家供应。此外，农民的消费水平也在迅速提高，并主要表现为粮食消费量的增加。据统计，1952年农民的人均粮食消费量达444斤，而1949年才270斤，仅此一项，全国农民就比1949年多消费了370多亿斤粮食，加上余粮的囤积，国家很少从增产中得到实惠。

面对这种形势，陈云同志在1952年1月就提出："征购粮食是必要的。只要使人民充分了解征购意义，又能做到价格公平合理，并只征购余粮中的一部分，则征购是可能的。"1953年上半年，面对日趋紧张的供销矛盾，毛泽东指示之后，中财委草拟了一系列文件，提出了除依法征收公粮外，有选择地实行余粮认购法、结合合同收购法、储粮支付货币法、预购等具体方案，中央初审后，交全国财经会议讨论。会议结束前夕，陈云同志返京，认真研究了会议汇总的8个方案后，向中央提出自己只有实行又购又派才能确决问题的看法，得到周恩来、邓小平的支持和毛泽东的赞同。毛泽东嘱陈云代为起草《关于召开全国粮食紧急会议的通知》。10月2日中央政治局扩大会议上，陈云讲了粮食问题涉及国家与农民、与消费者、与商人、与地方和地方与地方四种关系，办法就是：农村实行征购、城市实行配售、严格管制私商、在统一管理的前提下调整内部关系。四种关系中最主要的是国家与农民的关系，只要通过征购把粮食搞到手了，其他问题就好处理了。他还说，实施这种办法的毛病就是妨碍生产积极性，逼死人、打扁担、个别地方暴动，都可能发生；但不采取这个办法后果更坏，就要重走旧中国进口粮食的老路，建设不成，结果帝国主义打来，扁担也要打来。结论是征购利多于弊。毛泽东赞同陈云的意见，并高度概括：农民有自发性和盲目性的一面。农村经济正处于由个体经济向社会主义经济的过渡时期，我们经济的主体是国营经济，有两个翅膀：一翼是国家资本主义（对私人资本主义的改造）；一翼是互助合作、粮食征购（对农民的改造）这两个翼如果没有计划收购粮食这一项，就不完全。

10 月 10 日，全国粮食紧急会议召开，陈云同志将又征又配，只配不征、只征不配、原封不动、“临渴掘井”、动员认购、合同预购、各行其是 8 种方案做了比较分析，并确定只有又征又配才可行；并提出要认真考虑实施中会出现的问题。经过讨论，各大区参加会议的负责人都同意陈云的建议。10 月 16 日中央政治局再次召开扩大会议，通过《中共中央关于粮食统购统销的决议》等文件，11 月 19 日以政务院命令下达，12 月初，全国城乡开始实行粮食统购统销。

同陈云对四种关系的分析及提出的相应办法相一致，统购统销政策由计划收购、计划供应（统销）、国家控制粮食市场的政策和中央对粮食实行统一管理的政策组成。规定：“生产粮食的农民应按国家规定的收购粮种、收购价格和计划收购的分配数量将余粮售给国家”，完成统购任务后的剩余由农民自己支配。城市居民可通过组织供应或个人凭证购粮；集镇、经济作物区、灾区及一般农村采取上级政府给定控制数字和民主评议相结合的方法，确保缺粮户购到粮食，控制销量，防止投机和囤积；食品、交通运输部门及其他工业用粮，定额供给，不得私自采购。“一切有关粮食经营和加工的工厂和粮店统一由当地粮食部门领导”。所有私营粮商未得国家允许，一律不准私自经营粮食。所有方针政策的确定，收购量和供应量，收购价格与供应价格、收购标准与供应标准等，必须由中央统一规定或批准。地方则在既定的方针政策原则下，因地制宜、分工负责、保障实施。

统购统销政策在后来得到了不断发展。1953 年底和 1954 年夏分别对食油和棉花实行了统购统销，1955 年 3 月又在全国实行粮食“三定”（定产、定购、定销）制度，每年春耕前以乡为单位公布计划产量和国家购销数字，以稳定民心。1956 年在“三定”基础上提出了“以丰补歉”的方针；1960 年又实行“超购加价”的办法，1961 年出台余粮奖售制度。1971 年又把粮食“三定”期由 3 年改为 5 年不变。十一届三中全会后严格的统购统销政策开始松动，1985 年合同定购制度取代了实施 32 年之久的统购统销制度，1993、1994 年农业低潮之后，统购政策又重新启用。

统购统销政策实施之初，就取得了较好的效果。在实施的第一个月，国家收购粮食就比 1952 年同期增加 38%，并一举扭转了销大于供的被动局面。据国家统计局统计，1953 年 7 月 1 日至 1954 年 6 月 30 日之间，全国实际收购粮食 784.5 亿斤，比 1953 年全国粮食会议提出的计划超过75.5亿斤，比上年度多收177.9亿斤，增长29.3%；同时，国内销售粮食596.4亿斤，比上年多销153.3亿斤，增长29.3%，收支相抵，库存却有了大幅度增加。国家终于渡过了难关。30多年间，统购统销政策对保证供给，支持工业化建设起了积极作用，但它人为地违背价值规律的作用。给我国农村经济和农业生产所带来的影响也是极严重的。加之执行中的统得过死、强征强购等问题，就影响了农民的生产积极性和国家与农民之间的关系。

统购统销政策与农业合作化的重要关系，正像毛泽东所说的那样，没有统购统销的农业合作是不完全的，这就是说，仅靠实施农业生产合作，还不能保证农业剩余完全用来支持国家的工业化，只有把生产和流通都统一起来掌握在手，才能更有把握地保障工业化的顺利完成。可以说，合作化和统购统销合在一起，就使中央计划可以直接下达给每一个农民，也使千千万万农民都与国家工业化形成休戚与共的关系。为此，就必然要缩小国家与单个农民之间高额交易成本，就需要扩大农民组织起来的规模。因此，随着国家工业化的不断扩大。为保证工业化获得越来越多的农业剩余。这在毛泽东看来，就是要不断扩大所有制的公有程度，并不断扩大管理规模，而这正好是后来农业合作化，集体化的运行路径。而统购统销则是将越来越多的农业剩余运往城市和工业的传送带上的重要一环。在这样的情况下，农民利益自然就越来越无足轻重了。

还不得不指出一点，因为粮、棉、油等产品的统购统销，卡断了农业合作社自主经营产品流通的纽带，农民蒙受了多年的沉重的损失，也使得我国的农业合作制失去了应有的完整的体制。当年供销合作总社后来也改变成了“第二商业部”，而农业合作只有生产，没有产品流通，至今仍是一种跛足的合作制。

还有一个决策也是与过渡时期的总路线一脉相承的，即1953年12月16日中共中央第三次农业互助合作会议通过的第二个互助合作决议，即《中共中央关于发展农业生产合作社的决议》。

1953年10月26日，全国第三次互助合作会议在北京召开。这次会议是毛泽东同志亲自布置的，由中央农工部副部长陈伯达、廖鲁言主持的，邓子恢部长当时在外地巡视，事先不知此事。在会议召开之前和会议中间毛泽东曾作了两次关于加快互助合作的步伐以解决工业发展需要与落后农业之间的矛盾的谈话。在第一次谈话中，毛泽东第一次明确提出要试办农业生产合作社，认为办好合作社，即可带动互助组大发展；新区大中小县要努力办好一到两个合作社，要分派数字，摊派；办得好，那是“韩信将兵，多多益善”；其次，强调社会主义要去占领农村阵地，并进而批评了“确保私有”和“四大自由”；他说：“个体农民，增产有限，必须发展互助合作。对于农村的阵地，社会主义如果不去占领，资本主义就必然会去占领。”我们不能走中间道路，我们也早就放弃了资本主义，但“如果不搞社会主义，那资本主义势必要泛滥起来”。“‘确保私有财产’、‘四大自由’都是有利于富农和富裕中农的”。“法律是说保护私有财产，无‘确保’字样”。要阻止农民卖地，互助组不行；“要合作社，要大合作社才行。大合作社也可使得农民不必出租土地了，一、二百户的大合作社带几户鳏寡孤独，问题就解决了。”① 对于农产品的供求矛盾，毛泽东也谈了自已的看法，认为粮食、棉花和蔬菜的需求大大增加了供应不上的问题，从解决供求矛盾出发，就要解决所有制与生产力的矛盾问题。“个体所有制的生产关系与大量供应是完全冲突的”，必须过渡到集体所有制；高级的合作社要求土地归公而不是土地入股。改变了所有制才能提高生产力；“总路线也可以说是解决所有制的问题”。完成国家工业化，生产力提高了才能解决供求矛盾。

11 月 4 日，毛泽东又向农村工作部的负责人谈了一次话，批评了 1953 年春季的反冒进；再次强调要逐步改变生产关系促进生产力发展；对合作化的领导要派任务再去检查。此外，他再次批评了“确保私有”、“四大自由”，他说“言不及义”就是言不及社会主义，搞农贷，发救济粮，依率计征、依法减免，只修小型水利，打井开渠，深耕密植，合理施肥、推广新式步犁，水车、喷雾器、农药等提高生产水平的措施，如果在小农经济的基础上进行，那就是对农民“行小惠”，确保

① 《毛泽东选集》第 5 卷，第 117 页。

私有，“四大自由”更是小惠，而且是惠及富农和富裕中农。不靠社会主义而靠小农经济，在个体经济基础上行小惠，而希望粮食大增产，解决国计民生的大计，那真是“难矣哉”。这几句话合起来就是套用古人的：“群居终日，言不及义，好行小惠，难矣哉”。

可以说，毛泽东的这两次谈话集中体现了他改变生产关系（所有制）以发展生产力以及使农业合作向更高形式发展的观点。实际上是对当年春季邓子恢部长在中央领导下召开全国农村工作会议提出“反冒进”口号的纠正（应该指出邓的这一精神是得到当时主持中央书记处工作的刘少奇的批准的。我清楚地记得，邓老当年在大会上明确地讲中央决定以10至15年左右的时间完成农业合作化，并且说“昨天请示了少奇同志”，中央的方针是：“稳步前进，宁缓勿急”。——王立诚注）。

第三次农业互助合作会议一开始即传达了毛泽东的第一个讲话精神，经过讨论，由廖鲁言指定一个小组，并特别指定由东北局农工部赵德尊部长指导，起草了《关于发展农业生产合作社的决议》草案。这个决议比起前述1951年的《决议（草案）》来，有两个明显的变化：一是对个体农民的认识发生了转变。1951年的《决议（草案）》全面具体地分析了土改后农民的心态和表现，客观地指出农民存在个体经济和劳动互助两种积极性，党的正确、稳妥的政策应该是在照顾小农经济特点的同时，积极引导农民走合作化的道路。而1953年的决议则强调个体经济与工业化之间的矛盾，突出这一理由在农业合作中的作用。决议分析道："根据这个总路线，我国的经济建设不但要求工业经济的高涨，而且要求农业经济要有一定相适应的高涨。但孤立的、分散的、守旧的、落后的个体经济限制着农业生产力的发展，它与社会主义的工业化之间日益暴露出很大的矛盾。这种小规模的农业生产已日益表现出不能够满足广大农民群众改善生活的需要，不能满足整个国民经济高涨的需要。为着进一步提高农业生产力，党在农村中工作的最根本的任务，就是要善于用明白易懂而为农民所能够接受的道理和办法去教育和促进农民群众逐步联合组织起来，逐步实行农业的社会主义改造，使农业能够由落后的小规模生产的个体经济变为先进的大规模生产的合作经济"。① 二是促成了农业合作运动中心的转移。1951 年的《决议（草案）》指出要在全国各地，特别是在新解放区和互助运动薄弱的地区，主要应当有领导地大量地发展临时互助组：在有互助运动基础的地区，必须有领导地逐步推广常年互助组；在群众有比较丰富的互助经验又有比较强的领导骨干的地区，应当有领导有重点地发展土地入股的合作社。可见，这时农业生产互助合作的中心是互助组。这一态势一直保持到《决议（草案）》作为正式决议下发之后（1953 年 2 月下发的正式决议保留了草案中的上述内容）。可是 1953 年 12 月的这个决议，不仅名称改为《关于发展农业生产合作

① 《汇编》上册，第 215 页。

社的决议》，而且郑重地指出：随着互助合作运动质量的提高，农业生产合作社已逐步显示出高于互助组的优越性和重要性：能解决共同劳动与分散经营的矛盾、能进行更合理的分工分业劳动以更大地提高劳动效率；能更多更好地采用新技术；更多地节约劳动时间和劳动力以发展副业；更易纳入国家经济计划的轨道：能更多更好地带动个体经济向互助组、互助组向合作社发展等等，说明农业生产合作社是自然的、适当的引导个体劳动走向社会主义集体农庄的过渡形式。“农业生产合作社的这些优越性和它所起的作用，使它目前在整个互助合作运动中日益显出重要的地位，并且日益成为我们领导互助合作运动继续前进的重要环节。因此，中央认为各级党委有必要更多地和更好地注意对发展农业合作社的领导，根据当地的具体情况，准备逐步试办和逐步推行的条件，继续贯彻只许办好，不许办坏的方针，从而带动整个互助合作运动前进”。从此，农业互助合作运动的中心就由互助组转到了农业生产合作社（初级社）。①

二、冒进与反冒进

从全国解放的1949年到1955年以前，我国互助合作运动的发展一直是比较正常的。

首先是互助组稳步发展。1950年春，受领导重视

① 《汇编》上册，第216页。

和农民发展生产两方面的推动，新老解放区互助组都有了较大发展。虽然随后出现了一些互助组发展涣散甚至垮掉的现象，但仍有一批互助组坚持了下来。到 1950 年底，我国农村中共有各种类型的互助组 272.4 万个，参加农户 1 131 万户，占总农产比重的 10.7%。1951 年春，中央人民政府政务院颁布了《关于 1951 年农村生产的决定》，指示各地要加强对互助组的发展巩固的领导工作，努力提高生产。全国范围内互助组得到了较大发展。1951 底，我国互助组达到 467.5 万个，比 1950 年增加 71.6%，参加农户也达到 2 100 万户，比重提高到 19.2%。[①] 1952 年受《决议（草案）》颁布的影响以及中共中央具体要求，即老区用两年、新区争取在三年内把农村中 80%到 90%的劳动力组织起来的推动，互助组猛增到802.6 万个，一年中增加了 335.1 万个；参加农户达 4 536.4 万户，比重上升到全国总农户的 39.9%。到 1953 年，我国互助组参加农户已达 4 563.7万户，占总农户的 40%左右，其中参加常年互助组的农户占参加互助组的农户的 29%，常年互助组有了较大发展。1954 年参加互助组的农户已达到总农户的 58%。

其次，初级社即农业生产合作社的试办，也取得了相当进展。出于抑制两极分化苗头和中农化趋势，防止资本主义；或者为了积累办理农业生产合社的经验并向

① 《中国农粮》1951 年第 9 期。

农民示范，继 1950 年陕西省试办第一个农业生产合作社之后，各地相继试办了一批农业生产合作社。1951 年，有 7 个省试办了 129 个农业生产合作社；1952 年增加到 3 634 个，入社农户 57 188 户，占总农户的比重为 0.05%；1953 年又增加到 14 171 个，另有 4 000 余个未经批准的自发社；1954 年更增加到 48 万个。这些工作就为我国发展农业合作化“逐步过渡、循序渐进”找到了一种恰当的中国形式，其功不可没（我自己当年就在辽宁锦州市网户屯村发现了一个“黑社”，即未经县里批准的“自发社”。——王立诚注）。

由于走互助合作的道路，克服了生产工具和畜力缺乏的困难，保障了生产的正常进行；提高了耕作水平，改进了生产技术、生产条件、增加了单位面积产量，并在防旱防涝和防治病虫害等自然灾害上获得很大成效；激发了农民的集体主义精神的劳动热情，就促进了生产的发展。1954 年粮食总产达 3 390 亿斤，棉花总产达 2 130万担，分别比 1949 年的 2 264 亿斤和 890 万担增长 49%和 138%。

但是这一时期也出现了 1952 年的第一次冒进和 1953 年冬开始出现的发展过快等波动现象。

1952 年下半年，受下列事件的影响，农业合作化在上半年大发展的基础上，在冬季形成了一股新的“热潮”。第一件事是 1952 年 8、9 月间全国第二次互助合作会议，修改了《决议（草案）》，并主要强调与自发的资本主义势力作斗争，主要批评了合作问题上的消极的放任自流态度。第二件事是1952年秋开始的农村整党，主要致力于提高党员觉悟和积极性，并改善党群关系；明确党在农村中经济发展的方向是走互助合作而非资本主义道路；严肃处理坏分子并妥善处理消极分子、落后分子，老区还批判了互助合作中的右倾错误。第三件事是1952年4～8月，由农业劳模组成的中国农民代表参观访问团访苏，11月在国内广泛宣传了苏联集体化的好处引起了强烈反响。受这些事件的影响，不少地方发生了急躁冒进，搞大社，过多地搞公共财产，甚至强迫命令等现象，如山西长治专区新建的千余个合作社中，76％将牲口、农具全部归社公有，有的甚至连农民的棺木、寿材、老羊皮袄也归了社。加之基层受上级各部门的干预，任务繁多，生产中心往往难以顾及。

对于上述情况，中共中央农村工作在邓子恢部长主持下起草并经中央和毛泽东主席批准在1953年3月下发了《中共中央关于缩减农业增产和互助合作发展的五年计划数字给各大区的指示》、《中共中央关于布置农村工作应照顾小农经济特点的指示》，《中共中央关于农业生产互助合作的决议》，《中共中央关于春耕生产给各级党委的指示》等文件，毛泽东加以合并并题为《农村工作指南》即发。首先压缩了计划指标，把五年计划增产数减到1952年实产量为基础的30％，1953年增产7％；互助合作五年参加农户控制在占总户数的70％（新区）到80％（老区），其中老区合作控制在总户数的45％，新区为12％，常年互助组控制在30％左右，以合乎实际并保护干部群众的积极性。

其次强调把春耕生产作为压倒一切的中心，其他一切工作都必须围绕并结合春耕生产来进行；凡是影响和阻碍春耕中心工作的任何工作，均应改变、推迟或缩小甚至取消原来的计划；任何业务部门不得直接给区乡下达任务，以切实保障春耕生产顺利进行。再次要求照顾小农经济的特点，只有照顾到其分散性、私有性，多强调从群众中来，因地制宜，集中群众要求而非强迫命令，农业合作和生产任务才能顺利完成。而以打击单干、强迫编组满足于形式主义或以轻视互助组、贪多贪大、追求“社会化”、忽视甚至侵犯农民私有财产为表征的急躁冒进，就是不注意从群众觉悟水平和切身体验出发，不从群众的实际要求出发，不从小农经济的现状出发，没有解决好农民个人利益和公共利益的关系而造成的。这些文件的下达及随即开始的检查和纠正使第一次急躁冒进到6月初已基本中止，农民卖地、卖耕畜、杀猪宰羊、伐树毁林等现象已停止，生产情绪已趋安定。①

时隔不久，毛泽东开始批判“言不及义”。第三次全国互助合作会议及《中共中央关于发展农业生产合作社的决议》的形成，促使我国的农业生产合作社又迅速掀起了一个发展的高潮。连续两年，使当时农村工作干

① 《汇编》上册，第104－105页，145－146页；153－154页；150、186页。

部中出现了一句幽默的话："春天反冒进，秋天大发展"。

1953年10月至11月，全国第三次互助合作会议上据毛泽东的要求，各大区农口负责人分别口头提出了各自的发展计划，总计到1954年秋全国将组建31 381个合作社（初级社），1957年达到70万个左右。会后通过的《中共中央关于发展农业合作社的决议》又规定了新的初级社发展指标，从1953年冬到1954年秋收一年内全国农业生产合作社应由现在的14 000多个发展到34 800多个，并责成各地党委去努力完成这个计划。[①] 各地又根据会议要求加强领导的精神，对原发展计划进行了再次修订，追加的结果，全国总计45 000余个。较原计划数增加一万余个，其中华北翻了两番，东北翻了一番半。[②] 实际的发展情况很快突破了上述计划，1954年3月20日中央农村工作部指出："目前各地已经建立和正在建立的农业生产合作社共达7万多个"，超出原定计划的一倍。一个月后，这一数字又增加到9万多个。在这种情况下，1954年4月间召开的第二次全国农村工作会议对原来的发展计划作了如下修订："农业生产合作社1955年计划发展到135万个或150万个，参加合作社的农户发展到占全国总户数的35%左右，合作社耕地发展到占全国耕地的40%以

---

① 《汇编》上册，第225页。

② 《汇编》上册，第231。

上”，部分地区达50%以上，条件较好的地区1960年前后争取基本实现合作化。[1] 6月中共中央批转了这个报告，这自然再一次推动了合作化的新发展，到1954年夏，全国各地又新建合作社12万多个，加上原有的7万多个，实际已达22万多个。在这种新形势下，1954年10月召开的第四次全国互助合作会议，又提出了新的规划。会议报告认为各地在1955年春耕前使初级社达到60万个的计划是合适的，建议中央批准。并雄心勃勃地预计1957年前后将完成社会主义改造的第一步：实现初级合作化；第二个五年计划转入高级合作化；第三、四个五年计划期间实现大规模的农业机械化。[2] 12月中央正式批准了这个报告，并要求各级党委把主要精力放在发展初级社上，于是，合作化的热潮又起。到1954年12月底，初级社已发展到48万个，势头迅猛。可以看出，在从上到下的层层加码、不断推动下，这一阶段的农业合作化一浪高过一浪，存在着发展过快、势头过猛的现象。

合作化的快速发展带来了一系列问题，造成农业形势一度紧张。主要表现在这几个方面：一、出现攀比风和强迫命令现象，由于对农民积极性没有做具体分析考察，没有看到许多农民处于盲从和观望状态，而从上级指示和追求成绩出发，工作流于简单化甚至行政命令之

① 《汇编》上册，第249页。

② 《汇编》上册，第260页。

中（作者当年在河北定县农村调查过程中就亲自听到过区干部向村干部讲话："要跟着毛主席走社会主义道路的就入社"，"不入社就是走资本主义道路，那你到台湾找蒋介石好了"。——王立诚注）。山西长治地委报告说，有些区乡已把未入社入组的农户称为"自发户"，强迫群众加入甚至用中断供应等方法强迫群众入社，用支部决定、批斗中农来凑社员数量；东北某地某村在区下达70%合作化指标后，宣布明年该村90%合作化，另一村则提出100%合作化，有的村干部明白地说："咱村老百姓历来有个毛病，不瞪眼不行。"河北某县胡气乡共700多人，要建600户以上的大社，为此发动了村与村之间、乡与乡间的挑战竞赛。辽宁省个别地方还采用了强迫农民签字、指模画押等做法。① 这就极大地伤害了农民的积极性。二、在1954年原定的生产计划粮食只完成94.2%（3 390亿斤），棉花只完成77.5%（2 130万担）的情况，全国共收购粮食1 036亿斤，完成计划110%，比原计划多购了100多亿斤。不少地方出现了多购、超购现象，有的地方把农民留的种子和饲料粮也收购了，个别地方甚至把农民的口粮也收走了一部分。由于行政命令的作祟，浙江一省就因多购、超购、统购顶牛，致死134人，该省龙游县因粮食供应没有办好就饿死4人。② 三、大量出卖和宰杀牲畜。受合

① 《汇编》上册，第271－273页。

② 《汇编》上册，第323页。

作化发展过快过粗和收购量过大等的影响，1954 年春起，各地出现大量出卖和屠宰牲畜的现象，年底更趋严重。华南分局反映由于农民大量杀猪杀鸭、猪价陡跌，不少农民弄死小猪。河北省委也在 1954 年 12 月报告了各地牲口价格普遍下跌 1/3 至 1/2 的反常现象。同时，春耕准备很差，特别是生产资料、牲畜剧减、农具少有添置、积肥也少，农民因从合作社所得收获难以果腹，积极性锐减。个别地方甚至谣言流行。农民看到粮食被调走后痛哭，社会稳定也开始受到影响。①

针对上述情况，邓子恢建议并经刘少奇同志主持的中央书记处同意中央确定初级社的半社会主义性质；同时把合作化运动由大力发展转向控制发展，着重做好合作社的巩固工作。1955 年 1 月至 3 月中共中央连下《关于整顿和巩固农业生产合作社的通知》、《关于大力保护耕畜的紧急指示》、《关于在少数民族地区进行农业社会主义改造问题的指示》和《关于迅速布置粮食购销工作安定农民生产情绪的紧急指示》等文件，指出上述情况的出现主要是农民尤其是中农对党在农村中若干措施不满的警告，原因主要是合作化发展过快过粗；统购数量过大，统销供应又城松乡紧等。应该看到必须做过细的宣传组织工作，认真解决社内主要经济问题。打消农民特别是中农的怀疑和顾虑，以促进合作化的稳步前进，促进农业生产继续发展。四项指示明确规定：在合

① 《汇编》上册，第 290 - 292 页。

作化问题上：一、基本转入控制发展，着重巩固阶段。按不同地区，分别执行停止发展，全力巩固；适当收缩；在巩固中继续发展的不同政策：东北、华北、华东基本完成或已超过原定发展计划的地方停止发展，全力巩固；山东、河南、河北、浙江等原计划过高或仓促铺开的地方适当收缩；中南、西南、西北离完成计划尚远的地方巩固发展。二、巩固中着重宣传自愿原则，解除怀疑和顾虑，不要怕少数人退社，有名无实的社也可先退到互助组。三、少数民族地区的农业合作，必须充分注意民族特点和落后情况，慎重稳妥地实行。

在统购统销的问题上，规定国家对粮食的统购数字和统销数字必须切合实际；必须进一步采取定产、定购、定销的措施。同时兼顾国家和农民，确定 1955 年 7 月至 1956 年 6 月粮食征购指标为 900 亿斤。

关于保护耕畜规定牲畜入社必须按互利原则，民主评议、公平合理地折价，并分期归还不得拖欠；新办的合作社不必过早实行牲畜折价入社，可采用私有公用的办法，并付给合理的报酬。还要求帮助群众解决饲料困难。

四项指示下达后，合作化运动仍在迅速发展，1955 年 2 月，全国合作社达 58 万多个，4 月达 67 万多个。3 月上旬，毛泽东同志回京后，肯定了这一时期采取的措施，并总结为“停、缩、发”“三字经”：认定东北、华北要停止发展；浙江、河北适当收缩；其他地区再适当发展。4 月 20 日中共中央书记处会议指出：“今后总的方针是：停止发展，全力巩固。”随后，中央农村工作部据上述精神着手整顿和巩固农业生产合作社，到1956年6月底，共整顿掉2万多个不合格的合作社，合作社迅猛发展的势头才渐被遏止下来。

总起来看，初期的合作化基本在平稳的状态中向前发展，并取得了一些显著成效。究其原因，有这样几个方面：

第一，始终以发展农业生产为中心。在初期的农业合作化过程中，无论是前述的改变生产关系（所有制）以促进生产力发展与提高农业生产水平以准备农业互助合作的条件的争论：还是后来的决策以及施行，都始终维护着发展生产的中心地位：《决议（草案）》指出农民的互助合作的积极性，是迅速恢复和发展国民经济和促进国家工业化的基本因素之一；纠正1952年以来每一次冒进的许多措施中的突出的重要的一条就是要切实保证春耕生产成为压倒一切的中心工作，其他一切工作都要围绕这一工作而展开，自然也包括农业的互助合作运动。

6月，毛泽东也强调：“发展互助合作运动，不断地提高农业生产力，这是党在农村工作的中心。”虽然初级社大发展实现了互助合作运动中心的转变，但正如毛泽东论述的那样，改变生产关系是为了促进生产力的发展；过渡时期的总路线要求完成农业的社会主义改造，也是“为着进一步提高农业生产力……使农业能由落后的小规模生产的个体经济变为先进的大规模生产的合作经济”；“停、缩、发”方针的酝酿制定，也是通过遏止合作化的过猛发展，以缓解农业生产中的不稳定状况。可以说，这一时期，无论合作化发展得多快多猛，但都没能突破农业生产的中心地位。这就使合作化与农业生产、农业生产与国民经济发展和国家工业化发生了正相关关系，也保证了合作化发展的健康、合理和有效性。

第二，注意照顾小农特点。中国农民有着几千年的私有传统，拥有一块属于自己的土地是农民世世代代梦寐以求的理想。在土改后中国农民完成个体私有经济之后，实现农业的合作化便自然建立在小农经济基础上，便不能不充分照顾小农的特点，以便合作化逐步地为他们所接受。如前所述，马克思、恩格斯论述合作化问题时，也一再强调不能剥夺农民。初期的农业合作化便较好地照顾了小农经济的特点：一是邓子恢同志公开提出了农村工作要从小农经济特点出发的意见；再是上述各项决策中都强调农民土改后有两个积极性，劳动互助合作和个体经济的积极性，指出我们在激励互助合作的同时，不能忽视和挫折农民个体经营的积极性，使它们两者同时发挥出来。在比较竞争中逐步选择。三是强调要尊重自愿互利的原则，为此中央一再强调不能打击单干农民的积极性：一再坚决果断地纠正了互助合作中的行政命令的强迫行为；强调采取典型示范的方法。

第三，坚持逐步过渡，平稳发展。在个体经济普遍存在的情况下，在部分农民有互助合作的要求而许多农民希望通过个人努力发家致富的现实面前，就必然要求农业合作化采取十分谨慎的态度，也决定了农业合作化需要一个漫长的过程，不能一蹴而就，必须有个体经济到社会主义的集体农业之间的过渡形式。农业合作伊始，中共中央就认为农业合作化的完成需要大约三个五年计划的时间，过渡时期的总路线也预期农业社会主义改造需要 10 至 15 年或更多的时间。《决议（草案）》总结历史经验提出了我国农业合作化的三种主要形式：临时的、季节性的互助组和常年互助组，以土地入股为特点的农业生产合作社（只是还没有相互衔接起来）。1953 年 10 月毛泽东在修改中央关于统购粮食的宣传稿时，把以上三种形式前后作了衔接。这年 12 月通过的《中共中央关于发展农业生产合作社的决议》里明确指出："这种由具有社会主义萌芽，到具有更多社会主义的因素，到完全的社会主义的合作化的发展道路，就是我们党指出的对农业逐步实行社会主义改造的道路。"

把互助组作为合作化的一个步骤，是中国共产党的创造，与苏联实行土地国有，从村社直接过渡到包括农业公社、农业劳动组合和共耕社等的集体化形式不同，在不动农民私有财产的基础上，实现初步的生产互助合作和分工分业，既不给私有农民以太大的刺激，促进了生产和合作化的进展，又准备了群众基础，办社经验和干部。1955 年 6 月前发展的 65 万个初级社，90％是由互助组平稳转变过来的。我国的初级社，土地仍旧归社员私有，与土地国有的苏联集体农庄低级形式共耕社不同；但共同使用土地、土地参加分配，留有自己使用的自留地、牲畜及大型农具私有并参加分配，规模较小，有些集体所有的生产资料等特点，则与共耕社有共同之处。借助初级社这一承上启下的过渡形式，通过土地入股参加分红的同时，“随着生产的增长，劳动效率的提高和群众的觉悟，逐步而又稳妥地提高劳动报酬”。①即逐步降低土地分红，提高劳动分红的比例这一渐进的办法，在保持私有的过程中，逐步触动私有，使农民从观望以至渐渐自觉向高级社过渡。事实证明，这种逐步过渡的方法，起步稳，避免了对生产力的破坏，牲畜头数特别是大牲畜和农用役畜的头数等，保持以较快的速度增长。1949 年到 1954 年，牛由 4 393.6 万头上升到 6 262.3 万头；马由 48.5 万头上升到 693.9 万头；骡由 147.1 万头上升到 171.7 万头；驴由 949.4 万头上升到 1 270 万头；山羊由 1 613 万头上升到 3 315 万头；绵羊由 2 622 万头上升到 4 875 头；猪由 5 775 万头上升到 10 172 万头。② 没有出现牲畜存栏数锐减的局面。当然逐步过渡的顺利实现还得力于对急躁冒进和强迫命令现象的及时纠正。

逐步过渡的另一个体现是采用典型示范并逐步推广的方法。对于每一种新的互助合作形式，不是急于大面积地向全国推广，而是充分照顾到全国各地情况的不同，有步骤、有选择地因地制宜，反对全国整齐划一，由于各地条件不同，群众中往往同时并存着许多不同的

① 《汇编》上册，第 222 页。

② 《中国统计年鉴》1981 年，第 162 页、159 页。

相互交错的形式，而且各地的发展会很不平衡等现象，工作中也充分尊重多种形式并重的原则，并多方面地随时随地吸收群众意见，以真正做到自愿互利。可以说，逐步过渡是初期农业合作化的重要成功经验。

最后，坚持积极领导和大力支持帮助的做法。以邓子恢同志为代表的中共中央农工部多次向中央指出建议，一再批评了合作化中急躁冒进和放任自流的倾向，强调要加强对合作化的领导，认真落实合作社的经营管理制度，起到了一定的制衡作用。同时，政府也从多方面给予支持，如向互助组提供购买种子、肥料和农具的贷款，1950 年到 1955 年 7 月中央人民政府发放农贷，兴修水利及有农村的救济共支出 46 亿元。而 1954 年上半年国家银行发放的农业贷款中，合作社和互助组占 72%。[①] 此外还为互助组无偿培养各类技术人员，吸收互助组的剩余劳动力等。这些措施都积极促进了互助合作的巩固和发展。

第三节　批判“小脚女人”和使“小生产绝种”的口号之出台

一、超前的决策

从 1955 年下半年到 1956 年底，我国农业合作化在

① 莫日达《我国农业合作化的发展》第 78 页。

不断加速的过程中很快完成了初级化和高级化。这种结局的形成很大程度上是政策推动的结果，而这时期的政策明显地体现出以下特点；即主要强调速度和规模的不断加大。

这时期围绕合作化的速度规模问题，中央决策层存着一些分歧，并诱发一系列的争论。

争论最早是围绕浙江整社而展开的。

1955 年春，根据前一段合作社发展过猛、过快，出现了许多违反自愿互利原则，强迫命令、急躁冒进的情况，中央农村工作部根据中央决策，主要协助河北、浙江、山东等省（重点是浙江）进行了整顿、巩固工作。

1954 年秋收前，浙江才有合作社 3 800 多个，1955 年春就猛增到 50 950 个，另外还有 4 800 多个自发社，10 月至 11 月上旬就从 9 000 多个增加到 39 000 多个，存在着明显的严重急躁冒进问题。有的地方还提出了“依靠贫农，斗争富农，带动中农”；“不入社，就跟他们（富农）一样”等口号，存在严重的强迫命令。加之统购统销中存在许多问题，就使农民对合作社态度消极甚至不满，春耕中很多社很难再办下去。为此，邓子恢与中央农村工作部其他同志一道草拟了《对浙江省目前合作化工作的意见》的电文并征得了当时担任中央二办主任的谭震林同志和在京的浙江省委书记江华的同意，将电文发给浙江省委，并由陈伯达带给在外地的毛泽东审阅，（陈伯达后来回电：“主席同意”）电报建议浙江省委“对合作化数量分别地区进行压缩，有条件巩固的必须加以巩固，无条件巩固的，应主动有领导地转回互助组或单干经营，能够巩固多少算多少，不能勉强维持虚假成绩”。并说如能巩固好 3 万个社，保持 10%以上的农户在自愿基础上继续合作下去，仍应承认是很大的收获。如能巩固得多一些当然更好。随后杜润生、袁成隆等二人又被派往浙江解释电文，传达实行全力巩固、坚决收缩的方针。浙江省委表示完全同意，并迅速行动起来，一个多月之后，农业生产合作社由 53 144 个减少为 37 507 个，减少的 15 637 个社，大部分转为互助组。

对此，毛泽东一再发表了他的不同看法。1955 年 5 月他在视察外地后警告邓子恢：“不要重犯 1953 年大批解散合作社的错误，否则又要作检讨。”① 5 月 17 日在中共中央召集的 15 省、市委书记研究合作化的工作会议上，他又说：“在合作化问题上，有种消极错误，我看必须改变。再不改变，就会犯更大的错误。” 7 月 31 日，毛泽东在《关于农业合作化问题》的报告中说：浙江一下子就从 5.3 万个合作社中解散了 1.5 万个包括 40 万户的合作社，引起群众和干部很大不满是很不妥当的。这种“坚决收缩”的方针，是一种惊惶失措的情绪支配下定出来的；是被胜利吓昏头脑，犯出右的错误。上马和下马虽是一字之差，却表现了两条路线的分

① 《回顾》上卷，第 336 页。

歧，是出于对百分之六十到七十的贫农和下中农的积极性熟视无睹而造成的，把下字改为上字就大体正确了。[①] 应该说明的是："下马"是杜润生在浙江省干部大会上讲话时用的一个风趣的语言。"你们要上马，我说要下马。"杜老讲话一向幽默风趣，但是这句话传到了毛的耳中，乱子就大了。杜不但在七届六中全会上作了检讨，还降调为中科院副秘书长，一直到十届三中全会前才调回国家农委，并任中央农研室主任。他为农村改革和发展作出了巨大的贡献。

1955 年 6 月，毛泽东与邓子恢又在 1955 年农业生产合作社翻半番还是翻一番上发生了争论。1955 年 5 月 17 日，在中共中央召集的 15 省、市委书记研究农业合作化工作会议上，毛泽东对"停、缩、发"方针作了重新解释，他说：缩并非全缩，有全、半，多、少之分，片面的缩，会损伤干群的积极性；后解放区就是要发；有的地方也要停，但一般是发，华北、东北老解放区里面，也有要发的。毛泽东明显强调了发，并批评了合作化中的消极情绪，对各省农业生产合作社的发展提出了具体数字。[②] 会后，中央农村工作部根据毛泽东的设想拟定了 1956 年在现有 65 万个社的基础发展到 100 万个社的发展计划。6 月 14 日，中央书记处批准了这个计划。

---

① 《汇编》上册，第 331 页。

② 《汇编》上册，第 331 - 332 页。

会后，毛泽东同志从外地回京找邓子恢谈话，提出1956年在现有的65万个社的基础上翻一番，达到130万个社的意见。邓子恢仍坚持100万个社的发展指标。他说：一、整个合作化运动应与工业化进度相适应。第一个五年计划工业化还是打基础的阶段，还不能给农业技术改造以较大较快的推动。合作化要使生产发展，显示超过富裕中农的优越性，只能依靠搞好经营管理，特别是按劳分配和劳动组织的工作。在各种条件较差的情况下，发展过猛是不适当的。二、现有的65万个社中存在问题很多，巩固工作很繁重。如再多发展，巩固与发展兼顾，群众觉悟和干部领导水平都跟不上，可能导致两方面工作都做不好。三、从老区、新区和边远地区的情况看，以前多作了发展工作，巩固基础的工作显得尤为重要。打好基础对以后实现全盘合作化有着十分重要的意义，1956年应是打基础的一年。①

7月29日毛泽东在中央农村工作部整理的《农业合作化运动最近简报》上作了重要的批示，指出在发展问题上，目前不是批评冒进，批评“超过了客观可能性”的问题，而是批评不进，批评不认识和利用“客观可能性”的问题，即不认识和利用广大农民群众由于土地不足、生活贫苦或者生活还不富裕有一种走社会主义道路的积极性。随着宣传和合作社的示范，集体经营而非个体经营的思想先在一部分人中占优势，然后在第二

① 《中国农业合作化史料》1988，第5期，第6页。

部分人中占优势，然后在第三部分人中占优势，然后在大部分人中占优势，最后在全体人民中占优势，我们应当逐步地（经过15年）造成这种优势。要顾全大局，坚持社会主义方向。要看到问题的主导或主流方面，不动摇或迷惑自己的方向。①

7月31日在中共中央召集的省、市委书记研究合作化工作会议即将结束时，毛泽东作了《关于农业合作化问题》的总结报告，严厉批评邓子恢同志犯了右的错误。他说，在新的社会主义群众运动的高潮就要到来之时，某些同志却像一个小脚女人，东摇西摆地在那里走路，老埋怨旁人走快了，走快了。过多的评头品足，不适当的埋怨，无穷的忧虑，数不尽的清规戒律，这不是指导农村中社会主义群众运动的正确方针。在农村中合作化的社会改革的高潮即将到来之时，我们应当积极地热情地有计划地去领导这个运动，领导赶不上运动的情况必须改变。接着，毛泽东提出他自己认为合作化要大发展的理由：目前不是合作社的发展“超过了实际可能”，不是批评冒进的问题。中国的情况是：由于人口众多，耕地不足，时有灾荒和经营方法落后，以致广大农民的生活，虽然在土改后有所改善，或者大为改善，“但是他们中间的许多人仍然有困难，许多人仍然不富裕，富裕的农民只占比较的少数，因此大多数农民有一种走社会主义道路的积极性。我国社会主义工业化的建

① 《中国农业合作化史料》1988，第5期，第31页。

设和它的成就，正在日益促进他们的这种积极性。对于他们来说，除了社会主义，再无别的出路。这种状况的农民，占全国农村人口的百分之六十到七十”。[①] 此后，各地纷纷召开党委扩大会议传达和学习毛泽东的报告，检查和批评各自工作中的右倾思想，形成了全国批“小脚女人”的热潮。湖北、辽宁、安徽、山西、河南、浙江、甘肃、福建、云南等省委还向中央递上了工作检查报告，农业合作化的速度开始不断加快，且越来越快。

返观这一段的速度之争，我们发现其根本分歧在于是否充分注意合作化发展中必需的生产条件等客观因素。邓子恢的观点集中体现了这一点，他强调合作化的进度要与工业化相适应，要注意分析工业化能否给合作化来生产技术条件的改善；还要注意合作化中的群众和干部基础，尤其是中农的向背。因为合作化主要是对小农——即中农的社会主义改造，而这种改造因为不能剥夺农民，而要坚持自愿互利的原则，中农主观意愿则显得尤为重要，并成了决定合作化进度的重要因素。同样，在合作化与工业化齐头并进的战略已由总路线确定下来之后，应该采取的相应措施就是合作化与工业发展速度相适应，因为合作化既支持推动着工业化，这种支持在统销统购政策实行之后已变得理所当然，但合作化的发展除了农业生产力水平的内部提高外，更需要工业化带来的生产技术进步给予质的

① 《毛泽东选集》第5卷，第179页。

突破。

其实这就是说，合作化这种生产关系的变革需要生产力水平与之相适应。问题似乎回到了前述毛泽东与刘少奇关于合作化和工业化先后问题的分歧之中了。这次毛泽东强调用合作化推动支持工业化的观点并没有改变，只是他在强调所有制变革以促进生产力发展的时候，更把变更生产关系的主要理由放在主观能动性而非客观可能性的基础上，即放在60％～70％希望通过合作化以发家致富的贫农和下中农的合作积极性上。这个分析是片面的：姑且不论当时是否有这么多的贫农下中农坚决要求合作化，单看贫农下中农在合作化中所处的地位就可以非常明白地看到这种片面性；这部分农民的态度是合作运动中最积极的，他们也是运动中走得最快的一部分，正如薄一波同志所说的那样："我们曾经高度赞扬的贫下中农的'社会主义积极性'，有不少在相当大的程度上是属于'合伙平产'的平均主义'积极性'"。① 用他们的行动和态度去分析农村的情况，去决定合作化的步骤和速度，这样的决策只能超前，而党的崇高威信和强有力的群众工作，就只能使合作化不断加速，而且越来越快。

薄一波同志在他的《回顾》一书中说："邓子恢同志侧重强调生产关系的改造一定要同生产力发展需要相适应，要有利于达到增加生产的目的"，"毛主席则侧重

① 《回顾》上卷，第358页。

于强调要通过加快生产关系的改造来大力发展生产力”，确是一针见血的评论。①

对合作化规模的扩大还体现在毛泽东亲自编辑、写了两篇序言和104条按语并对许多文章题目内容都作了认真修改的《中国农村的社会主义高潮》一书中。

1955年9月起毛泽东致力编辑的这本书，在陈伯达的协助下，收集了各地办社的经验材料176篇（我就曾奉命选了几百份原始资料送陈办。——王立诚注），目的是为了批判当时对农业合作化问题的动摇和右倾保守，同时向广大群众展现农业合作化运动的规模、方向和前景，动员各级党委全力以赴，切实把合作化运动拿在自己手里，以解决“下面运动很足，上面注意不足，必然要闹出一些乱子来”的问题，具体指导农业合作化运动。其实，在1954年6月召开的第二次农村工作会议上，已实现了农村工作从农业生产（增产）到农业合作化的转移，也就放弃了以农业生产为中心的稳步前进方针。但5月17日省市自治区党委会议，7月31日省市自治区书记联席会议及10月七届六中全会虽批判了右倾错误，却一致强调现阶段的合作社应以小型的土地入股的半社会主义初级社为主。正式提倡大力创办高级社和大社，是毛泽东在《中国农村社会主义高潮》一书中提出的。毛泽东在书中不仅选了多篇高级社的材料，而且还为其中6篇加了按语，强调“社越大，优越性越

① 《回顾》上卷，第350页。

大”，“有些地方可以一乡为一个社，少数地方可以几个乡为一个社”。毛泽东还举例说慈溪县岐山乡有92%的农户加入了8个高级社，“谁说高级社那么难办呢”？他甚至指出在条件合适的地方，可以不经过初级社，“由互助组直接进入高级形式”。[①] 这可以说是后来高级社迅猛兴起和迅速发展的原因。

1955年12月21日，毛泽东在为中共中央起草的给上海局、各省委、各自治区党委的通知中，又首次以17条的形式提出了1956—1967年农业发展纲要。在这个包括农业合作化，增加农作物产量和各项增产措施，造林绿化，发展畜牧业，发展渔业、手工业，扫除文盲、办小学，安装收听广播的工具，发展文化娱乐和体育活动，发展农村卫生事业，改善居住条件以及吸收城市失业人员就业等等内容的《十二年农业发展纲要》中也对合作化做了具体规定：在1955年已有60%以上农户加入农业生产合作社的基础上，要求各省、市、自治区在1956年基本上完成初级形式的农业合作化，达到85%左右的农户加入农业社。要求农业社基础较好的并已办了一批高级社的地区，在1957年基本上完成高级形式的合作化。其余地区，则要求在1956年，每区办一个或几个大型的100户以上的高级社，以此为榜样，在1958年基本上完成高级形式的合作化。这就大大提前了毛泽东在《关于农业合作化问题》中提出在1960

---

① 《汇编》上册，第259页。

年基本上完成初级化，1960 年后再大量发展高级社的计划；也超出了毛泽东在《中国农村的社会主义高潮》中提出的“只需一九五六年一个年头，就可以基本上完成农业方面的半社会主义的合作化。再有三年到四年，即到一九五九年，或者一九六〇年，就可以基本上完成由半社会主义到全社会主义的转变”① 这样的计划。这就使合作化的速度不断加快，规模不断扩大，合作化的目标不断地更新和提高成了后期农业合作化的主要特色，与初期一再反冒进、控制速度、注意巩固工作形成了明显的对比。

其次：强调所有制的单向选择。

如前所述、初期的农业合作化虽然不断强调、动员、引导个体农民走上合作化的道路、但始终没有公开正式把个体农民作为合作化运动排斥和消灭的对象。这种根本转变发生在 1955 年 10 月召开的中共中央七届六中全会上。这次会议主要讨论合作化问题并准备党的八大。毛泽东在会上做了《农业合作化的一场辩论和当前的阶级斗争》的总结发言。毛泽东在总结这次大会是一场关于过渡时期的总路线是否完全正确的大辩论之后，郑重提出了要使“资本主义绝种，小生产也绝种”的观点。

他说，我们认为只有在农业彻底实行社会主义改造的过程中，工人阶级同农民的联盟在新的社会主义基础

① 《毛泽东选集》第 5 卷，第 222－223 页。

逐步巩固起来，才能割断城市资产阶级和农民的联系。才能彻底把资产阶级孤立起来，才便于我们彻底地改造资本主义工商业。农业的社会主义改造的目的，是要在农村广阔土地上根绝资本主义的来源。

他还说，我们现在有两个都很必要的联盟。同农民和资产阶级的联盟。我们和苏联一样和资产阶级结盟，对它采取利用、限制、改造的方针，是为了搞到更多的工业品去满足农民，以便改变农民对于粮食甚至一些别的工业原料的惜售行为。同时，我们依靠同农民的联盟，取得粮食和工业原料去限制资产阶级。资本家没有原料，国家有，就得把工业品卖给国家，搞国家资本主义。这就把资产阶级要搞自由市场，自由取得原料、自由销售工业品这一条资本主义道路制住了。并且使资产阶级在政治上孤立起来。在这相互作用的两个联盟中，和农民的联盟是主要的，基本的、第一位的；同资产阶级的联盟是暂时的，第二位的。

他接着回顾过去说，土地改革使我们在民主主义的基础上同农民结成了联盟，农民得到了土地。但它只破坏封建所有制，不破坏资本主义所有制和个体所有制。但这次联盟使资产阶级第一次感到孤立。农民完全站我们这边来了，我们就可能来一个“三反”，“五反”。农业合作化使我们在无产阶级社会主义而不是资产阶级民主主义的基础上，巩固了同农民的联盟。这就会使资产阶级最后地孤立起来，便于最后消灭资本主义。“马克思主义是有那么凶哩，良心是不多哩，就是要使帝国主义绝种，封建主义绝种，资本主义绝种，小生产也绝种。”他指出：这是马克思主义的要求，“是一个很好的事，很有意义的好事”。我们的目的就是要使资本主义绝种，“使它在地球上绝种，变成历史的东西”。“在这个十五年的期间内，国际国内的阶级斗争会是很紧张的”。我们已经“给了资产阶级严重的打击，并且在继续给他们的以粉碎性的打击”。①

毛泽东的这一讲话，就把农业合作化提到了一个新高度，即合作化的目的是为了使资本主义绝种，并使小生产也绝种；只有加速农业合作化才能在新的社会主义基础上巩固工农联盟，以彻底改造资本主义工商业。这就不仅把资产阶级和资本主义放在了工农联盟的对立面，而且把个体小生产也放到了农业合作化的对立面；不仅抛弃了七届二中全会以来的新民主主义政策，也彻底抛弃了以前农业合作化中兼顾农民两个积极性、注意照顾小农经济特点的一贯政策，把个体所有看成了农业合作化的对立面、当成了要远远抛弃和消灭的对象。可以说，这个讲话完成了所有制的单向选择。以前毛泽东虽多次提到主要通过变更所有制以促进生产力的发展，但这次却明白无误地表明了他在所有制选择中不可兼顾，必须用社会主义集体所有取代个体所有的观点。这样，半社会主义性质的初级社肯定不能适应这种要求，这就对以后高级社的大发展产生了重要影响。也就是从

① 《毛泽东选集》第5卷，第198－199页。

这次会议后，我国高级社的发展由个别试办转向重点试办，并很快在1956年初形成大发展，而高级化的迅速完成和办社条件的一再降低及后来的问题正好说明这种脱离生产力的发展水平而做的所有制单向选择中存在着很多问题。

1951年12月15日制定的《决议（草案）》规定高级社的办社条件是："在农民完全同意和有机器条件的地方，照顾到了农民的自愿和生产力水平两方面。"1953年2月这个决议被正式通过并颁布时，却改为"在农民完全同意和有适当经济条件的地方"，并未对"适当经济条件"作明确的说明和严格的规定，就为人为地降低标准提供了可能。1955年9月以后毛泽东在《中国农村的社会主义高潮》一书中为《一个从初级形式过渡到高级形式的合作社》一文所作的按语中写道："对于条件已经成熟了的合作社，就应当考虑使它们从初级形式转到高级形式上去，以便使生产力和生产获得进一步的发展。……转变的时间，有些地方可以快些，有些地方可能要慢一点。大约办了三年左右的初级合作社，就基本上具有这种条件了。"把试办高级社的条件简单变成了大约3年的初级社龄了。简单的时间概念变成办社条件，是相当不准确的，也带来了极不正常的影响。同时，毛泽东在另两篇按语中对个别的地方初级社举办一年就转入高级社和由互助组直接转入高级社的做法也给予了肯定。他说："办大型社和高级社最为有利这一点，海南岛红旗合作社的经验也是证明。这个大型合作社还只有一年的历史，它就准备转变为高级社。”“这是两个由互助组直接进入高级形式，没有经过初级形式的合作社。有些条件适合的地方可以这样做。”1956年1月28日江苏省委给中央报告说：“试办高级社一般应该以1954年以前建立的、办社一年以上的老社为基础。”中共中央批示说：“江苏省委的这种做法，在解放比较晚合作化基础较弱，办高级社经验不多的地区，都是适用的。”这就把毛泽东提出的办三年的条件提前到了一年；条件差的地区尚可以这样大跨度提前，条件好的地方更会开足马力了。实际情况便是远远突破了一年以上的规定，大部分初级社成立不到一年就转入了高级社，还有不少地方甚至是没有经过初级社阶段、互助阶段的个体农民直接加入了高级社。北京市各区经过几天准备后，从1956年1月9日起开始普遍转为高级社，一两天使全部转完了。① 举办高级社的条件由生产条件（生产力水平）流于时间概念，又因时间的不断缩短，办高级社的条件最终流于形式、流于空泛。这自然不能不影响高级社的基础，也给草率建立起来的高级社带来了一系列问题。

其三，强调阶级分析，阶级斗争和政治激励。

毛泽东一直认为农业合作化是一场严重的政治思想斗争。他说：“农业合作化运动，从一开始，就是一种严重的思想的和政治的斗争。每一个合作社，不经过这

① 《人民日报》1956.1.12。

样的一场斗争，就不能创立，一个崭新的社会制度要从旧制度的基地上建立起来，它就必须清除这个基地。反映旧制度的旧思想的残余，总是长期地留在人们的头脑里，不愿意轻易地退走的。合作社建立以后，还必须经过许多的斗争，才能使自己巩固起来。巩固了以后，只要一松劲，又可能垮台。”他还说：“只要我们在合作化运动中，乃至以后一个很长的时期内，稍微放松了对于农民的政治工作，资本主义倾向就会泛滥起来。”① 在1953年批评“确保私有”、“四大自由”时，毛泽东更明白地说：“农村的阵地，社会主义如果不去占领，资本主义就必然去占领……如果不搞社会主义，资本主义势必要泛滥起来。”

农业化运动的后期，毛泽东进一步强调政治思想工作的作用。在与邓子恢关于翻半番还是翻一番的争论之后，毛泽东提出要反对右的错误，要通过宣传和示范，使集体经营的思想最后在全体人民中占优势。随后，他又截然地将要求农业合作化运动平稳发展的同志指斥为“东摇西摆地在那里走路”的“小脚女人”，认为我们应当积极地热情地有计划地去领导这个运动，而不是用各种办法去拉向后退，并要求迅速改变“领导赶不上运动”的局面。全国范围内批小脚女人的政治运动迅速展开，初级农业合作化有了大发展。可以说，这是政治压力和政治运动的催动力初显效果。

① 《毛泽东选集》第5卷，第243-245页。

在1955年10月毛泽东所做的《农业合作化的一场辩论和当前的阶级斗争》报告中，毛泽东在明确提出要使资本主义绝种、小生产也绝种的同时，严肃指出：在这个15年期间内，国际国内的阶级斗争会是很紧张的。我们已经看见是很紧张的，在阶级斗争中，我们已经取得了许多胜利，并且还要继续取得胜利。拿过去一年国内阶级斗争来说，我们主要做了四件事：一个是解决粮食问题；一个是解决农业合作化问题；一个是进行反唯心论的斗争；一个是镇压反革命。在这四个问题上的斗争，都带着对资产阶级作斗争的性质，给了资产阶级严重的打击，并且在继续给他们粉碎性的打击。在《中国农村的社会主义高潮》一书，毛泽东更致力于批评右倾保守倾向。他说："目前，在这个问题上的主要的缺点，是在很多的地方，党的领导没有赶上去，他们没有把整个运动的领导拿到自己手里来，没有一省一县一区一乡的完整的规划，只是零敲碎打地在那里做，他们缺乏一种主动的积极的高兴的欢迎的全力以赴的精神"。"下面运动很广，上面注意不足，必然要闹出一些乱子来"。"读者从这些材料，可以看出全国合作化运动的规模、方向和发展前景，这些材料告诉我们，运动是健康的。出乱子的地方都是党委没有好好去指导。一待党委根据中央的方针跑上去做了适当的指导，那里的问题就立即解决了"。他接着批评了合作化问题上的动摇和右倾保守思想。他说合作化之所以出现冒进与反冒进与动摇，是因为有些同志"受了一些中农的影响"，"特别是有严重的资本主义倾向的富裕中农”的影响。实际情况是我们工作中虽然有缺点，“但是整个的运动是健康的，广大贫农和下中农欢迎合作社”。① 此书的大量发行，就促使怕被指责为“右倾保守”的农村干部纷纷“跑”着、“赶”着去指导合作化。各地在压力之下，纷纷提高自己的指标，使合作化的发展越来越快，过快、过粗、过乱的问题、强迫命令的问题也相应变得越突出。

毛泽东也一再强调合作化运动中的阶级路线。他说“在中国农村中，两条道路的斗争的一个重要方面，是通过贫农和下中农同富裕中农实行和平竞赛表现来的，在两三年内，看谁增产”。② 毛泽东还指出：“工人阶级和共产党如果要用社会主义精神和社会主义制度去彻底地改造整个农村的小农私有生产资料制度，便只有依靠过去是半无产阶级的广大的贫农群众才能比较顺利地办到，否则将是很困难的。”在贫农中的一部分由于分地而上升为中农，甚至富裕中农了，毛泽东又指出：“将新中农中间已经上升为富裕中农的人们，不称作依靠对象的一部分而对老中农间的下中农算作依靠对象的一部分”。“这即是说，贫农和两部分下中农，相当于老贫农，作为依靠对象。而这两部分上中农则相当于老中农，作为巩固地团结的对象”。“合作社的领导机关必须建立贫农和新中农在领导机关中的优势”，而以老下中

① 《回顾》上卷，第375页。

② 《毛泽东选集》第5卷，第121页。

农和新老两部分上中农作为辅助力量”。1955 年 7 月底，毛泽东在《关于农业合作化问题》的报告中说：“坚决收缩”的方针是在一种惊惶失措情绪的支配下形成的，上马与下马之争，实际上是两种路线的争论。9 月，在审查邓子恢准备在七届六中全会上作自我批评的发言稿时，毛泽东批示道：“为什么老是喜欢去挫折社会主义因素而老是不喜欢去挫折资本主义因素？你们没有回答这个问题。回答就是：你们脑子里藏着相当严重的资本主义思想，所以你们觉得社会主义因素没有什么可爱。忍心地去挫折它”。“占百分之二十到三十的富裕中农的资本主义自发倾向影响了你们，占百分之六十到七十的贫农和下中农的积极性，你们却熟视无睹，敢于抹煞，敢于‘与此相反，不是去爱护，而是去挫折它’，难道这是偶然的吗？”因此，浙江省委在给中央写的检查报告中检讨说：“坚决收缩”的方针是错误的，是被胜利吓昏了头脑，当时存在着三种错误思想：一种是合作化发展太快会危及工农联盟；一种是发展这样快无法巩固；一种是把新老中农各阶层不加区别地混淆起来，笼统地强调中农（包括新中农）的动摇性，总之把非本质方面、非主流方面的现象，误认为本质问题，因而产生了上述错误思想，迷失了方向。① 在《中国农村的社会主义高潮》一书的第一篇序言中，毛泽东指出：“所谓反冒进，不但是停止发展，而且是成批地强迫解散已

① 《汇编》上册，第 426－429 页。

经建成的合作社，引起了干部和农民群众的不满意。有些农民气得不吃饭，或者躺在床上不起来，或者十几天不出工。他们说：‘叫办也是你们，叫散也是你们。’叫散，富裕中农高兴，贫农发愁。湖北的贫农听了停或散的消息，感到‘冷了半截’，有些中农则说，‘等于朝了一次木兰山’”。他接着分析道：出现不该有的动摇，是因为一些同志受了一些中农的影响。“有一些中农，特别是有严重的资本主义倾向的富裕中农，在合作化的初期，对于社会主义改造这件事是有抵触情绪的。这里关系到党在合作化运动中对于中农的政策和工作方法。许多经济地位较低政治觉悟较高的中农，主要地是新中农中间的下中农和老中农中间的下中农，只要我们实行对于贫农和中农两个阶层互相有利，而不是只有利于贫农而不利于中农的政策，加上我们的工作方法是好的，他们就愿意加入合作社。但是有一些中农，即使实行这种政策，他们也还是想暂时站在社外，‘自由一两年也好’。这种情况是完全可以理解的，因为合作化是要变更农民的私有生产资料的制度和整个的经营方法，这对于他们是一个根本的变化，他们当然要慎重考虑，在一个时期内不容易下决心。我们的一些同志不去从党的政策和工作方法上解决问题，听了富裕中农一叫，工作中又有一些偏差，就惊惶失措起来，大反其‘冒进’，动不动就要‘砍掉’合作社，好像不赶快割去这个毒瘤，人就会要死了似的。实际的情况完全不是这样。我们工作中的缺点是有的，但是整个运动是健康的。广大的贫农和下中农欢迎合作社。一部分中农需要看一看，我们就应当让他们看一看。富裕中农，除了那些自愿的以外，更应当让他们看的时间长一些。”这就具体地把政策建立在细致的阶级分析的基础上。

在《谁说鸡毛不能上天》一文中按语中，毛泽东指出，在富裕的和比较富裕的中农占农村人口20%至30%，力量相当强大的情况下，合作化开始“只是一部分贫农和下中农组成的合作社，同单干的富裕中农在竞赛，大多数的贫农和下中农还在那里看，这就是双方在争夺群众。在富裕中农后面站着地主和富农，他们是有时公开地有时秘密地支持富裕中农的。在合作社的这面站着共产党，他们应当……支持合作社”。1955年我们做了鸡毛能上天的宣传工作，宣传了合作化的好处，“几个月功夫，形势就完全不同了，站在那里看的广大群众，一批一批地站到合作化这边了。富裕中农也改变了腔调。有些要求入社，有些准备入社。最顽固的，也不敢议论鸡毛能不能上天的问题了。地主和富农，一点神气也没有了”。① 这就把富裕中农和地主富农放在一起分析，放在一起安排政策，从而从理论和实际生活中把富裕中农推在了地主富农一边，改变了以前把富裕中农作为团结对象的政策。由此引发了高潮中一系列对富裕中农的过火行为，还造成越穷越光荣的错觉，给农村经济的发展带来了许多不利影响。

---

① 《汇编》上册，第511页。

二、农业合作化的加速完成

在全国批“小脚女人”的政治声浪中，各地纷纷修改了原定计划，基本上都提出了超过毛泽东在《关于农业合作化问题》中提出的发展计划。如辽宁省计划今冬明春再新建 1.5 万个社，使 1956 年春以前总社数达45 000个，参加农户达总户数的 55%；1957 年春耕前通过扩社、建社再发展农户 30%左右，使合作化比重达到 80%～85%，山西、河南、浙江、甘肃、福建、云南、安徽等省也提出类似性质的计划。

在 1955 年 10 月中共中央七届六中会全会召开之后，在更热烈的气氛中，各地农业合作化运动先后掀起热潮。山西、浙江、广东、广西、四川都在 10 月向中央报告了这一段的进展。山西省委的报告说：全省新老社合计已达46 607个，入社农户现在共有 194 万余户，已占全省农户总数的 60%。估计到明年春耕前，全省将有 40 个县（40%左右）基本上完成半社会主义的合作化。实际进展，却比各省拟订的规划还快得多。在你追我赶的形势下，到 1955 年底，全国已建农业社 194 万多个（其中 1.7 万个高级社），入社农户达 7 500 多万户，占全国农户总数的 63.3%，已接近 10 月决议中先进地区 1957 年春达到 70%的要求了。进入 1956 年以后，农业社的发展更加快速。4 月 30 日《人民日报》兴高采烈地宣告：“1955 年，是中国农业社会主义改造事业取得决定性胜利的一年，和1954年底比较，农业生产合作社增加了近3倍，入社农户增加了4倍多。现在农业生产中的主要组织形式已经不是单家独户的个体农民，而是农业生产合作社了。”就在此时，我国的合作社已达1 008 000个，入社农户达10 668万户，占全国农户总数的90%，这表明我国农业生产的初级合作化已基本完成了。其中河北在1955年12月初，山西、北京、黑龙江、热河在12月中旬，安徽、辽宁、上海、天津、吉林，青海在12中旬下旬，河南、甘肃、湖北、江西、内蒙古、广西、四川、山东、江苏、广东、陕西、贵州在1956年1月，浙江在1956年2月，云南、福建在1956春以前，全国在4月30日以前，入社农户均达到70%～90%（除云南达到15.75%外），基本上完成了农业生产的初级合作化。①

随后，在初级社刚刚完成之后，受《中国农村社会主义高潮》和《1956年至1967年农业发展纲要》的大力推动，在规划时间不断提前，办社条件又一再降低的情况下，全国各地又迅速地争先恐后地跨入社会主义的高级社。从1956年1月以后全国各地便掀起了大办高级社的热潮，几乎月月都有新进展。1956年1月，全国高级社发展到138 000个，入社农户占总农户的比重由上年的4%猛增到30.7%；初级社则由上年底的

① 《中国农村社会经济变迁（1949—1989）》陈吉元等，第212－214页，山西经济出版社

59.3%降为49.6%。2月底，高级社数又增加到235 000个，入社农户达到51%，初级社又降为36%。6月底，高级社增加到312 000个，入社农户已过62.3%，初级社再降为28.7%。9月底，全国已有高级社380 000个，参加农户比重达72.7%，已经达到了原来基本实现高级化的指标。

12月底，高级社再增加到540 000个，入社农户的比重达到87.8%。在这个过程中，各地处在一种争先恐后的赶超状态中，许多社、乡、县纷纷要求整社、整乡、整县地转入高级社。如上海市热烈隆重的社会主义改造完成庆祝大会上，有1 100多个初级社都送上了申请，会议当场批准了所有的申请，顿时欢声雷动。[①] 北京市也在上级鼓动宣传，群众纷纷要求的情况下，从1月9日起普遍开始转社，一两天便全部转完了。天津、河北、山西均在1956年1月，吉林、黑龙江、内蒙古在2月，河南于5月，湖南、浙江、江西于10月，湖北、广东于11月，甘肃在12月底先后使高级社的入社农户达到74.7%～97%以上，在不到半年的时间内。我国迅速地实现了由初级化到高级化的转变。

三、农民的退社风潮

草率完成的高级化，带来了一系列问题，并明显地

① 《新华社新闻稿》1956.1.9。

表现为1956年农民收入的大幅度减少。1956年我国粮食实际产量虽比1955年增产5.4%，但却只完成计划的97.3%，其他作物（除大豆、烤烟、茶叶外）都没有完成计划。而且粮食作物的增产主要是通过扩大耕地面积取得的，单产并未提高而是有所下降。此外，由于单产没有增加，再加上副业收入减少和合作社开支过大，使许多农民的收入减少。下列当时对20个省、自治区564个社的调查，可以看出当时收入减少户一般占到1/4～1/3。①

1956年农户收入减少情况

	总户数	减少户数（%）
贫农	65 394	26.53
新下中农	39 184	23.01
老下中农	35 333	31.13
新上中农	17 268	28.02
老上中农	23 542	33.20
其他劳动人民	2 768	31.07

农民收入减少，与当时高级社在经营管理上存在的问题直接相关。高级社是一种功能齐全、权力高度集中的组织。它具有这些主要特点：规模一般在100户以上；农户的土地无偿转为集体公有；其他重要生产资料，如耕畜、大农具等作价转为集体公有；入社农户可以使用一定面积的公有土地作为自行经营的自留地；生

① 苏星《我国农业的社会主义改造》第151页，1980，人民出版社。

活资料和零星树木、家畜家禽、小农具、经营家庭副业的工具仍归社员私有；全社统一计划，实行集体劳动；全社收入在扣除当年生产费用、国家税收、公积金、公益金之后，全部按工分制分配。它的迅速出现，取代了以血缘为纽带和中心从事生产经营和社会交往的社会基本单元——农民家庭，形成了以自身为基本单元的高度集中的农村新型的社会结构。不仅农民的生产经营被纳入了高级社的管理事务。且农民的个人生活，其生、老、病、死都受其管理和关心。

这种“大家庭”的基本组织机构包括以下几个部分：一、社员大会，负责通过或修改社章；选举罢免社级领导；审查批准分配方案；审查并批准政治、文化福利事业的各项计划和措施；审查批准管委会、监委会的工作报告；决定社的扩大合作，社员的加入，退出及开除、处分等。二、监察委员会：负责监督审查社主任和管委会及社员的工作劳动情况，审查社内的财务情况等。三、管理委员会，是社员大会闭会期间的执行办事机构，据社员大会决议和社章，批准社内重大决定及相应措施；调整下属组织和撤换干部；调配劳力和生产资料；审查监督部门的生产和工作；代表社对外签订合同；完成国家任务；拟定生产计划，安排并完成生产计划；扩大公共财产；进行集体主义教育；召开社员大会总结工作。可以说这种组织结构具备了一定的现代管理组织的特点；但中国农民几千年来却是习惯于小农经济的家庭结构，其适应就需要一定的时间；而高级社特别可以从其管理委员会的职能中看出这一组织的高度集中和无所不包的特征，就更加延长了必需的适应时间。

而在迅速高级化的过程中，农民特别是富裕中农的观望和疑虑心态并没有消失。富裕中农一般生产条件和生活水平都较高，入社意味着失去原有的经济优势而与他人平等地依靠合作社；而合作社虽然带来了增产，但一般还并未达到自己单独经营的水平，今后如何也不得而知。这些人如毛泽东所说，可能会“看”得时间更长一些。而在波澜壮阔的高级化过程中，在强大的疾风劲草的政治压力面前，他们并没有来得及把这些问题想明白。有的农民说：“大家都入了社，我哪能孤雁不入群”；有的老农说：“自己不想入社，可是还得给后人留条路”。有的农民偷偷地在自己入社的地边种上小树或者埋下石头以便将来退社时识别。有的说：“上级叫走新道路，不敢不走”。有的说“人随王法草随风，不入怕犯法”，其他许多农民也一直存有这种矛盾和疑虑心理。但无论如何，87.8%的农户加入了高级社已经成为事实。①

入社后，高级社存在的问题，如缺乏管理集体生产的经验，生产没有计划或计划不周、不全面，造成生产损失；牲畜、运输工具作价不合理，缺乏劳动管理经验，工分不公平，定额不合理，社员不满；缺乏财务管理经验，财务开支大，开支乱，账目不清，使本想试试

① 《农村工作通讯》1957 年第 9 期：《长沙县培塘阶级思想的调查》。

看的农民疑虑和担心加重，许多人开始对高级社表示不满。如富裕中农以前条件较好，特别想发家致富，入社后看到社内生产松垮、管理混乱，失去信心。认为合作社不如单干好；中农入社后，一般希望办好社，搞好生产，但对社内管理混乱、生产松垮、分配不公也存在严重的不满，说："现在是干活的有吃，不干活的也有吃"；贫农赞同办高级社，但对管理过严也有意见。

在这种情况下，中共中央采取了一系列措施巩固新建立的社会主义高级社。

1956年4月20日在全国农村工作部长会议上，邓子恢发言强调对现有的高级社进行整顿巩固，以稳定新建立的社会主义生产关系。他说："第一条搞好生产，保证增产增收，改善社员生活，这是巩固社的物质基础"为此，必须做到：一、"贯彻勤俭办社的方针"。"要力求搞好现有的农副业生产，不要放弃眼前的生产不抓，去贪图别的，而要把现有的生产搞好。保证增加生产，增加收入，另外，要尽可能减少非生产性开支"。二、"依靠自己，依靠本地、土办法、土材料，就地取材，就地推广，争取外援，不要依靠外援"。三、"编好劳动组织，三固定也好，四固定也好，要把它固定下来"。这样才有希望搞好集体经营。1956年4月25日，在中共中央举行的有省、市、自治区党委书记参加的政治局扩大会议上，毛泽东做了著名的《论十大关系》的报告。在谈到国家、合作社、农民的关系时，毛泽东特别强调要兼顾国家、集体和个人三个方面，告诫全党记取苏联的经验。他说，我们同农民的关系历来都是好的，但是在粮食问题上曾经犯过一个错误。1954 年在部分地区因水灾减产的情况下却多购了70 亿斤粮食。一减一多，农民有意见，党内外也有许多意见。我们的缺点就是调查不够不摸底。1955 年就少购了 70 亿斤，又搞了一个“三定”，加上丰收，一少一增，农民手里多了 200 多亿斤粮食。过去有意见的农民也说“共产党真是好”了。苏联采取义务交售制的办法，把农民生产的东西拿走太多，给价又极低，这样积累资金使农民的生产积极性受到极大损害。这些是全党必须记取的教训。合作社同农民的关系也要处理好。合作社收入中，国家、合作社、农民各拿多少，怎样拿法，都要规定得适当；合作社所拿部分，生产费、管理费、公积金、公益金各占多少，应当同农民研究出了一个合理的比例，都要力求节约。

1956 年4 月 3 日，针对合作社贪大、贪多、贪快等问题给生产带来的困难，中共中央和国务院联合发出了《关于勤俭办社的指示》，指出在高速发展中的合作社有些出现了铺张浪费、滥用民力现象：上级有关业务部门也根据《发展纲要》的要求，给社布置任务过多，要求过急，使合作社员负担过重，应接不暇。据此，指示明确强调要勤俭办社，并提出了五条具体措施：一、要宣传勤俭办社方针，生活和生产投资量力而行；二、《发展纲要》提出的任务要分期分机分项逐步实现，各地绝不能一下子全面铺开；三、改进农业贷款的发放工作，为发展副业发放一定贷款，不要把贷款集中在基本建设上；四、广开生产门路，发展副业，经营多种经济；五、努力增产，并将增产指标控制在实际能达到的水平上。

上述邓子恢的整社主张、毛泽东兼顾国家集体和个人三者利益的思想以及勤俭办社的方针，基本上是切中时弊的，基本正确的。但在全国范围内势不可挡的高级化热潮中，这些并没有得到普遍贯彻。结果高级社的问题不但没有解决，反而随着 1956 年农民收入减少，导致全国范围内的“退社风潮”。

当时广东省委报告，“近数月来，特别是全省大部分农业社转入高级社，并进入秋收和准备年终分配以来，各地不断发生社员闹退社的现象。据不完全统计，退社户已达 7 000 余户，约占入社总农户的 1%左右。已经垮掉的社共 102 个，正在闹退社而尚未退的共 127 000余户，约占入社农户的 2%多。个别地方曾发展成为群众性的退社风潮，特别是在经济作物区和生产搞得不好的地方，退社问题更为严重和突出。合浦专区灵山县有 7 个区 20 多个乡不断发生抢割、抢分、拉牛回去耕自家田、搞自己的冬种等混乱现象，全县因闹退社而包围、殴打区、乡干部和社主任的事件已发生多起”。①广东省从 1959 年夏季的一年多时间里，退社的高潮先后发生过五次……永宁还因退社问题发生了抬菩萨游行，殴打干部的“永宁、曹址”事件。河南省委农

① 《汇编》上册，第 649 页。

村工作部报告说，去冬以来该省 12 个县部分地区发生了闹退社的现象，涉及 278 个高、初级社，700 多个生产队内的范围。据不完全统计，共殴打干部 66 人，拉走牲畜 4 946 头，私分社粮食 125 000 余斤，种子 24 000斤多，饲料 25 000 余斤，饲草 25 000 余斤，油料 390 多斤，农具200 多件，柴火 5 200 余斤。[①] 江苏省委也报告说，今春以来，全省各地农村发生了不少的农民闹事，最近泰县闹退社事件竟在几个乡范围成片发生，有 2 000 多人到县里请愿，现在还没有平息。闹事具体表现为闹退社、闹分社、闹粮食、闹救济、闹干部作风，乡间、社间因水利、积肥、捕鱼纠纷等而闹事，干部因为用粗暴办法抓赌、拆庙、打菩萨等纠纷引起闹事，有些则闹过去没有解决的问题。闹事中，有的态度很坚决，有的则不坚决，牵回耕牛、分掉社里的种子，种自己的田地是常见的事。参加闹事的群众一般是中农、贫农，比较坚决的是富裕中农，地主、富农见风行事，复员军人、撤职干部和其他有胆量的人主持，许多党员和干部参加领导。[②] 此外，新疆、辽宁、浙江、湖南、安徽、山东等省、自治区也相继发生了程度不同的群众闹退社问题。中央农村工作部估计，全国闹退社的农户，“一般占社员户数的1%，多的达 5%；思想动荡想退社的户，所占的比例更大一点”。如“浙江省宁波

---

① 《汇编》上册，第 676 页。

② 《汇编》上册，第 686 - 688 页。

专区，已退社的约占社员户数5%，想退社的约占20%左右”。[①] 据原中央农村工作部二处负责同志霍泛回忆，当年浙江发生农民闹退社的风潮，报到中央，毛主席立即亲自召见中央农工部副部长陈正人同志指示他率工作组乘专机飞往浙江调查，霍泛同志陪同。他们到达杭州后，据霍泛回忆“第二天，我们到萧山县和上虞县的公路上，就遇到数百人的农民队伍迎面而来。省里同志说，这就是去闹退社的。我们的车躲开点，免生麻烦，可见农村确实不够稳定。到了上虞县委，得知不久前县领导机关受农民队伍的冲击，要求退社……全县农业社的生产多数暂时处于涣散状态。仙居县情况更为严重，农民围攻领导，将县政府和公安局的门窗都打烂了，呼喊着退社，退回耕畜，农具和土地……”“原因主要是：全面合作化太快，有些是不愿参加的，特别是富裕中农和一部分中农。其次，有的就没有作价，有的作价很低，引起中农不满。再次，村干部一下领导几十户、上百户的，管理不了，派工、出工混乱，生产不好，社员担心到秋后‘喝西北风’、‘没饭吃’”。[②]

四、不断加速的农业集体化

不必讳言，这种接近于农民暴动的对集体化的反抗

① 《汇编》上册，第655页。

② 《回忆邓子恢》第312页。

行为，不可避免的会有反革命分子混在中间进行煽动，但是必定有损害农民特别是中农经济利益的错误行为作为导火线，否则反动分子也煽不起来。据薄一波在《回顾》一书中指出“1957年估算，全国富裕中农人数在1亿以上”，[①] 说明当时侵犯中农利益的严重性。浙江农民的闹退社是一个典型的案例，证明1955年中央对关于浙江合作社发展过多过快的纠正是正确的，也证明毛泽东同志对于纠正浙江合作社发展过多的批评是错误的。另外，当年的浙江的“仙居事件”只是全国农民闹退社的一个缩影，许多省、市都有程度和规模不同的事件发生，连续报到中央，作者当时在中央农工部工作，部内的人民来访接待室里，来自河北、东北及其他省、市的农民络绎不绝，有的一再上访，告县委、地委不执行等价互利的政策，要求准予退社。遵照邓老的指示，接待人员耐心听取他们的意见，并把他们的要求转告当地党委处理（我就曾受领导之命写了一则简报，指出当时河北的大兴县委执行政策不力造成农民大批来京上访。中央阅后批交河北省委，撤换大兴县委书记，改由省农工部副部长肖峰同志接任。——王立诚注）。

1957年7月毛泽东同志在青岛的省、市委书记会议上决定冬春之交进行全国的社会主义教育运动，批判党内的“右倾机会主义”思想，批判富裕中农的资本主义思想和个人主义思想，打击地主反革命行为。锋芒对

① 《回顾》上卷，第362页。

着动摇的富裕中农……广东一省一个月批判斗争16 000余人，逮捕2 000余人……几乎全部是富裕中农……这才稳定了集体化的初始局面。

闹退社的主要原因是由于入社的农民中有相当部分的粮食和收入都比入社前有很大的减少。收入和粮食减少的主要原因是自然灾害、经营不当、管理不好、一平二调等原因造成的。

各地对农民退社的原因的分析则分为两种，一种认为是高级社的生产经营管理中存在严重的问题，导致农民收入减少引起的。广东省委反映，目前闹退社的主要有三种人：一是富裕中农和一部分有特殊收入的户；二是严重缺乏劳动力的困难户；三是入社前从事其他职业，入社后收入严重减少的户。此外，生产没搞好的社，贫农、下中农由于减产、减收，也有要求退社的，故认为退社的最根本原因是社的生产没搞好。中央农村工作部也分析道，退社的原因主要有：一、大多数是因为减少收入而引起的。各省一般都有1%到20%的社员户减少收入，减少较多的是富裕中农、小商贩和有技术的手工工人，积极想出去单干；减少收入不多的户，情绪也有动摇。二、农业社对社员劳动时间控制过死，社内劳动过分紧张，引起社员不满。社员没有时间经营家庭副业、日常用钱困难、日常生活事务也没有时间处理。有的农民说："入了社，还不如劳改队"。三、干部作风不民主，对社员的一些日常困难不照顾体贴，甚至还给予打击，社员心里有气。四、对社员入社的生产资料处理不当，特别是将社员的零星树木（原来打算用做寿材、嫁妆和盖房）果树和小块苇塘等也入了社，社员表示最为不满。①

另一些干部则认为闹退社不是高级社超出了农民的觉悟水平和当时的客观条件所致，而是工作中的失误，特别是农村中的坏分子利用我们工作中的失误向党、向社会主义发起的一次进攻。河南省临汝县委在一份报告中写道："最值得警惕的是农村中的残余坏分子，利用我们工作中的错误，从中进行破坏活动。这是事件发生和发展的重要原因。"②安徽省凤阳县的一份材料反映该县卫山社在处理农民退社时采取了斗争（罚跪并予逮捕）、限制（退社不发油、粮、布票）、哄骗（分开个别说服）、强摘瓜（边动员、边拉牛）等办法，河南省民权县旺河乡的干部更把闹退社的群众看成敌人，加以破坏社会主义的罪名，打群众 96 人，农民李××被打后吐血而死，朱××被逼自杀。③ 从这些个别地区个别的过火行为来看，这后一种看法也是过分的。但两种分析有一个共同的焦点，就是农村中的富裕中农。这也就注定了富裕中农终会成农村中要解决的诸问题中的一个重要方面。

这之间的一个插曲就是包工包产到户的闪现。因为

---

①② 中央农工部简报《关于退社和大社问题》，见《汇编》上册 655 -657 页。

③ 中央农工部简报《关于退社和大社问题》，见《汇编》上册 655 - 657 页；662 - 663 页。

高级社产生并得以高速运行的内在动力是毛泽东指出的贫农下中农要求脱贫致富的积极性。但是靠什么或者说用一个什么样的机制来保持并激励这种积极性，事实证明单靠合作社增产增收是远远不够的（农民可能减少收入），在这种制度需求下，包工包产这种责任制形式便应运而生了。首先倡行包工包产的是邓子恢。1956 年 4 月 2 日他在全国农村工作部长会议上说：要“编好劳动组织。三固定也好，四固定也好，要把它固定下来，规定一些制度，编好劳动定额，包工包产，这个东西不搞好，集体经营没有好的结果，没有希望搞好的”。① 5 月在《农村工作通讯》创刊号他又专门撰文谈包工包产的责任制。他说：“合作社是农民联合起来的大生产的集体经济，这种集体经济没有计划管理，没有具体劳动分工，没有适当的定额管理制度，是不能够经营的，管理不善、计划不周、分工不明、定额偏高偏低，都会造成生产上的损失。因此，不断改善经营管理工作，编好生产队，规划耕作区和副业组（队），制定劳动定额，推行按件记酬或包工包产，超产奖励，建立牲畜饲养管理制度，就成为领导集体生产的重要措施。”② 此后他又在多次会议上阐述了上述思想。

1956 年 4 月 29 日《人民日报》发表了何成的《生产组和社员都应该“包工包产”》一文，介绍四川江津

① 《邓子恢文集》444 页。

② 《邓子恢农业问题论文集》123 页。

地区许多农业生产合作社把包工包产包到了每户社员的做法。指出这种生产组承包了一定的土地和一定的产量、成本，又把它分给组里每个社员负责的做法，是把“责任制贯彻执行到底的”的正确做法，解决了只有生产队包工包产，生产组和社员不包工包产，社员只顾赚工分，不关心社里生产，生产仍然混乱的问题。此后，山西榆次地区，安徽芜湖、阜阳地区，江苏的盐城和广东的中山等地，许多高级社都试行过“包产到户”的责任制。而浙江温州专区永嘉县在1956年春夏试验和全县推广“包产到户”的做法，则富有代表性。

浙江永嘉县在1956年5月加入高级社的农户达到60%后，出现了一系列的问题：劳动组织扩大了，生产工具仍是传统的小型工具，集体的优越性没能发挥出来；参加生产的劳动力增多，出勤率也很高，一方面带来了窝工现象，另一方面众多的劳动者，带着传统工具，用小生产的方式进行细致复杂的生产，问题相当突出；小块地上拥着大堆人，一件农活经过数人合作，很难执行“按件计酬”，结果生产的“一窝蜂”，带来了评分的“满堂红”，平均主义严重。说明先进的生产关系与落后的生产力之间存在着明显的矛盾。5月在县委副书记李云河等的指导下，燎原农业生产合作社开始试行“包产到户”责任制。群众把“包产到户”责任制和实施效果总结为责任清楚、劳动质量、大家动脑、干群关系、记工方便、增产可靠等“六好”；农活质量、粮食产量、学技术热情、劳模威信、生活水平等“六高”；积肥、养猪、学技术、千斤田、勤奋人、和睦团结等“八多”以及偷工减料少、懒人少、装病者少等“五少”。9月6日永嘉县委召开全县千余高级社主任会议（“千人大会”）布置了“多点试验包产到户”的任务，并强调在平原地区试验。随后，包产到户在永嘉全县展开，后来统计，共有200多个高级社实行了“包产到户”。温州地区也有1 000多个社，17多万农户实行“包产到户”，占温州农村总户数的15%。这带来了很大反响。1956年11月26日《浙南大众》发表了一篇《不能采取倒退做法》的文章，首次公开严肃批评“包产到户”。为此，李云河以个人名义给上级写了《专管制和包产到户是解决社内主要矛盾的好办法》的专题报告。1957年1月1日，中共浙江省委专门召开会议听取了永嘉县委的汇报。省委农业书记林乎加高度评价了永嘉县的经验，并概括为“统一经营，三包到队，定额到丘，责任到户”。1月27日《浙江日报》发表李云河的专题报告。并加“编者按”，纠正了对永嘉的批评。但到1957年3月8日。在中共浙江省委和温州地委的指令下，中共永嘉县委做出了《坚决彻底纠正包产到户的决定》，永嘉县的“包产到户”之光一闪即逝。

可以说“包产到户”是在上述第一种分析的基础上做出了合乎理性的选择。

但在1956年中共“八大”对社会主要矛盾做出

“人民对于经济、文化迅速发展的需要同当前经济、文化不能满足人民需要的状况之间的矛盾”的正确概括之后，国际上发生了波兰事件和匈牙利事件，使党的一些高层领导逐渐转变原来的认识，开始强调阶级斗争。1957 年 1 月中下旬，在中共中央召集的各省、市、自治区党委书记会议上毛泽东两次讲话都强调阶级斗争。他说，我们的部长、副部长、司局长和省一级的干部中，相当一部分人出身于地主、富农和富裕中农家庭；富裕中农这一动摇阶层的单干思想又在抬头，有些人想退社。干部在农业社会主义改造中的右倾思想成风反映了这些阶级和阶层的思想。大多为地主、富农、资产阶级及富裕中农子弟的大学生也在闹事，他们要反对的是共产党、是社会主义，我们只有专政。1957 年 3 月，毛泽东又在全国宣传工作会议上说，世界观有无产阶级的和资产阶级的两种，我们现在的大多数知识分子，还是属于资产阶级的知识分子。要取得政治战线和思想战线的完全胜利，就要同资产阶级和小资产阶级的思想进行长期的斗争。1957 年 5、6、7 月毛泽东又做了三次讲话，批判了知识分子，指出右派正在向党进攻。6 月 8 日，中共中央正式发出指示，要求在全国进行反右派斗争，反右开始了。1957 年 7 月在阶级斗争的地位不断突出的情况下，毛泽东又在青岛召开的省、市委书记会议上写了《1957 年夏季的形势》一文，明确提出在城市反右的同时，要对农村中富裕中农的资本主义思想进行批判。他指出他赞成中央迅速发一个指示，向全体农村人口进行一次大规模的社会主义教育，批判党内的右倾思想，批判某些干部的本位主义思想，批判富裕中农的资本主义思想和个人主义思想，打击地富的反革命行为。其中主要锋芒是向着动摇着的富裕中农，对他们的资本主义思想进行一次说理斗争。以后一年一次。这样两条道路的斗争，需要很长时间才能最终取得胜利。这样富裕中农彻底地由团结的对象变成批判的对象。会后，中央发出了《关于对全体农村人口进行一次大规模的社会主义教育的指示》，指出教育的中心题目是：第一，合作社的优越性问题；第二，粮食和其他农产品统购统销的问题；第三，工农关系问题；第四，肃反和遵守法制问题。要利用生产间隙和休息时间，就这些中心题目举行大辩论，最终达到使广大群众和乡村干部明白资本主义道路只能使极少数人发财，使大多数人贫困和破产，只有社会主义才是劳动农民共同发展和共同富裕的唯一出路，并要求自上而下地派工作组主持这种辩论，切实搞好这场农村整风。

大辩论一开始，富裕中农便成了主要的斗争对象。由于把批富裕中农和斗地主富农结合在一起进行，各地出现了不同程度的对待富裕中农的过火行为。河北省清苑县打击230多人中，地富21人，伪顽分子12人，贫农18人，其余都是富裕中农。陕西略阳县斗争了158人，79人被捆绑吊打。云南、广东均有此现象，山东则吓死、打死约10多人。有的地方还出现了乱戴右派帽子的现象。这样，虽然通过强劲的政治压力把富裕中农的退社问题压了下去，但也造成了农民严重的“耻富”、“怕富”心理，农村经济的发展无形中减少了动力和活力。这不能不说是政治压力给经济发展造成的束缚。

总起来看，农业合作化运动是成功的，在古老的国度里完成了一场深刻的社会变革，给生产带来了很大促进作用。1957 年农业总产值比 1952 年增加了 24.8%，平均每年递增 1.5%。虽比恢复时期的 14.1%低了许多，但仍然是平稳增长的。农业社会主义改造的完成，还极大地推动了手工业、资本主义工商业的社会主义改造和其他事业的发展。从下表中可以看出 1953—1957 年农业生产的增长和农民生活水平提高的情况。

1. 农副产品人均占有量

人均占有量	粮食	棉花	油料	猪牛羊肉	水产品
1957 年（斤）	612	5.2	13.2	12.6	9.8
比 1952 年增长	6.3%	13%	−10.8%	5%	66.1%

2. 社会农副产品收购额

	社会农副产品收购量	粮食收购量	棉花收购量	食用植物油收购量	肥猪收购量	水产品收购量
1957 年	217.5 亿元	4 597 万吨	141.2 万吨	133.8 万吨	4 050 万头	171.7 万吨
比 1952 年增长	49.4%	17.8%	29.9%	36.5%	8.2%	87%

3. 农村人均消费量

人均消费	（农）人均消费额	粮食	食用植物油	食糖	棉布	（农）社会商品零售额	消费品零售额	储蓄
1957 年	76.2 元	410 斤	3.8 斤	2.2 斤	6 米	235.8 亿元	203.2 亿元	7.3 亿元
比 1952 年增长	17.8%	6.8%	11.8%	79%	28.8%	56%	48.2%	20%

此外，农业对工业和贸易的贡献也在增加。1957 年以农产品为原料的轻工产值达 330.1 亿元，比 1952 年增长 11.3%；农副产品及其加工品的出口额达 11.46 亿美元，比 1952 年增长 70.3%，并且比重仍保持总出口额的 70%。“一五”期间农业通过纳税累计向国家提供了 150.68 亿元，超过同期国家财政支农金额的 51.3%；由于统派购制度形成的农产品低收购价，农民还间接通过工商部门为国家提供了大量资金积累。①

但高级化过程上存在一些明显的缺点和偏差：

其一，脱离工业化发展的水平和农业生产技术发展水平，单方面强调生产关系特别是所有制的变革。应当承认在先进的社会制度下，生产的增长速度会快于客观条件所允许的增长速度。但这需要人的劳动积极性、生产经营的主动性的充分发挥。而农业本身较其他部门的生产条件不同。例如：生产周期长，受自然条件约束的因素多，手工业劳动要求老农的经验指导等等，决定了

① 《当代中国的农业》127－128 页。

农业生产力的发展只能逐步提高，相应地生产关系只能逐步调整。所有制的转变又是生产关系的根本变革，只能在生产关系诸方面调整的基础上最后送行，在一定年限内农村的所有制应该是相对稳定的。高级化过程中对这一点的突破显得尤为突出，但结果并没能由此迅速带来农业技术改造的革命。毛泽东在新中国成立之初就指出："中国只有在社会经济制度方面彻底完成社会主义改造，又在技术方面，在一切能够使用机器耕作的部门和地方。统统使用机器操作，才能使社会经济面貌全部改观"。受这种思想指导，合作化初期中曾在农具集体公有公用的基础上大量推行过双轮双铧犁，结果许多地方不能使用，只能买了回去挂在墙上成为"看犁"。大跃进中的"车子化"、"滚珠轴承化"、"绳索牵引化"，1965 年实现农业半机械化，1980、1985 年实现农业机械化计划的失败，都说明所有制的超前变革并不与生产技术的变革、生产力在更新基础上的发展发生正相关关系。原因就在于这种制度是所有制脱离生产力水平的超前变革。

其二，一律集体经营、集体劳动。削弱了农户家庭的生产功能，形成模式的单一化。我国各地自然条件和经济条件千差万别，生产力水平极不平衡，特别是农业生产本身的特点，决定农业经济组织形式是不能一刀切的。合作化初期，曾有中央领导同志分析，农活有三种：一种是一定要靠集体劳动才搞得好的；再一种是可互助可不互助的，如家庭劳动。这就说明不能时时互助，事事合作。初级合作化健康发展的重要一条就是多种多样形式各行其道，产出了多种多样的互助组和农业生产合作社。但到高级化的高潮中，就形成了以追求公有化程度为目标的形式简单划一的集体经营、集体劳动的高级社化。应该说高级化后期出现的包工包产和包产到户就是高级化弊端的一个理性的反证，但却很快地因不能“倒退”而销声匿迹了。这也就使后来出现的某些劳动组织形式和经济形式注定遭受同样的命运，即与制度安排者的偏好不一致而不可能被选择。这就使后来的集体化道路越走越窄。

此外，浮夸风与强迫命令相互交织，阶级分析与阶级斗争渗入了思想政治教育，给以后农村的发展方向带来了决定性的影响。恩格斯曾经在《法德农民问题》中说过我们不能给中农和大农使“他们的经济继续存在下去的保证”，“无论大农和中农都同样不可避免地要走向灭亡。”但我们对待中农和大农的职责是要尽力使他们易于过渡到新的生产方式，“把各个农户联合为合作社，以便在合作社中愈来愈多地消除对雇佣劳动的剥削。并把这些合作社逐渐变成全国大生产合作社的拥有同等权利和义务的组成部分”。恩格斯同时强调，对他们也将“拒绝实行暴力剥夺”。毛泽东则将中农划分为上中农和下中农，并且认为富裕中农是动摇的，不积极的。他们中的一部分愿意留在合作社中，而一部分有严重资本主义倾向的富裕中农对于高级化是有抵触情绪的。后来，毛泽东进一步指出合作化初期富裕中农的身后站着地主和富农，合作社这边站着共产党，紧接着使发动了一场以富裕中农为批判、教育对象的社会主义教育运动，富裕中农成了农村合作化运动的对立面。在这样强大的政治攻势面前，就自然谈不上富裕中农的自愿，其不被剥夺也就流于形式了。前面谈过邓子恢同志在合作化初期提过“反冒进”的口号，主要就是防止侵犯中农利益，却一再受到毛泽东同志的批评。毛泽东同志认为“冒进”是符合马克思主义的。他说：“我不赞成反冒进叫马克思主义，赞成冒进才是马克思主义，这个冒进好嘛，使农民多搞了水利嘛!”

虽然存在这些缺点，但高级化的成绩也还是明显的，只是步子迈得过急，工作过粗，形式过于简单划一。正如邓小平同志所说：“如果稳步前进，巩固一段时间再发展，就可能搞得更好一些。”①

① 《邓小平文选》(1975—1982) 276页，人民出版社，1983。

第二章 人民公社化的二十年(1958—1978)

第一节 大跃进与人民公社化的完成

在用农村社教运动的政治压力解决了高级社中的退社问题后，1957 年 8 月中共中央、国务院又作出了《关于今冬明春大规模开展兴修农田水利和积肥运动的决定》，10 月公布了《1956 年到 1967 年全国农业发展纲要》这两个文件都以反右倾为基调，要求在全国全方位地推动农业生产建设。11 月 6 日《人民日报》发表社论，批评右倾保守者像蜗牛一样爬得很慢，指出合作化后，我们有条件也有必要在生产战线上来一个大的跃进。此后，奋战三年，使大部分地区面貌可以基本改观，5～7 年内农业基本上实现机械化和半机械化的口号都提了出来。在制订计划上实行中央、地方两本账的做法，中央、地方都要拿出必成和期成计划，中央的期成计划就是地方的必成计划，并按中央的期成计划进行全国评比。地方各级也相继仿效，一段时间里，指标越来越高，而且相互攀比，连西北地区也提出了 1958 年人均粮食产量达到 1 100 斤，1962 年突破 3 000 斤的高指标。随着全国深翻土地，高度密植的推行，“高产卫星”的不断出现，“人有多大胆，地有多高产”口号的提出，1958 年 7 月农业部发布了 1958 年粮食产量比上年增长 69％的公报，评论界认为这是粮食产量只能按百分之几的速度增长的“悲观论”的破产。在瞎指挥，高指标、浮夸风迅速泛滥的情况下，1958 年 8 月的北戴河会议作出了 1958 年粮食产量有达到 6 000 亿～7 000亿斤的估计，并决定把目标转向完成 1958 达到1 070万吨钢，以迅速“超英赶美”的方向上来。空前规模的“全民大炼钢铁运动”迅速把大跃进推向了高潮。

这样的背景下，早在《中国农村的社会主义高潮》中就已倡导办大社的毛泽东，又发现了一个迹象：在 1957 年冬和 1958 年春，一些地方大搞农田水利基本建设，出现了超过社界、乡界甚至县界的生产协作，毛泽东认为这说明了小社的规模已经妨碍了生产力的组织和发展。在《中国农村社会主义高潮》的一书中，他为《大社的优越性》一文写的按语曾指出：“现在办的半社会主义的合作社，为了易于办成，为了使干部和群众迅速取得经验，二三十户的小社为多。但是小社人少地少资金少，不能进行大规模的经营，不能使用机器。这种小社仍然束缚生产力的发展，不能停留太久，应当逐步合并，有些地方可以一乡为一个社，少数地方可以几乡为一个社，当然会有很多地方一乡有几个社的。不但平原地区可以办大社，山区也可以办大社。”在这里，毛泽东同志正确地指出了农业规模经营的必要性，指出了农业集约化生产的应有的前途。但是忽视了应有的生产力发展的条件，因而是不完全正确的。1958 年 3 月在成都会议他便提出了把小社并为大社的建议。4 月中央通过了《关于把小型的农业社适当地合并为大社的意见》，要求在有条件的地方，有计划地适当地并社。随后各地便在更大规模地兴修水利、深翻改土，举办农业机械化和水利发电事业的同时，先后开展了并社活动。8月，毛泽东视察河北、河南、山东等地，听到了一些办大社的优越性和迫切性的汇报，也多次谈到小社并大社，认为应该逐步地有次序地把工、农、商、学、兵组成一个大公社，从而构成我国的社会基本单位。视察七里营人民公社时，他说“人民公社这个名字好，包括工农商学兵，管理生产、管理生活、管理政权”，“一大，二公”好。视察山东农村时，又说“还是办人民公社好”，“可以把工农商学兵合在一起，便于领导”。此后，全国各地纷起仿效。于是人民公社化的热潮席卷而来，在 1958 年，“我国农村多数在 1956 年上半年建立起来的 70 多万个高级农业生产合作社，才刚满二年，就被 2 万多个政社合一的人民公社所代替”。

8 月 17～30 日，中共中央政治局在北戴河召开扩大会议通过了《关于在农村建立人民公社问题的决议》决定在农村普遍建立人民公社，要求各地尽快将小社并为大社，转为人民公社。会议规定：确定人民公社为政社合一，工农商学兵相结合的形式，规模一般一乡一社，2 000户左右较合适。进一步发展可能以县为单位组成联社。决议强调在并社期可以采取上动下不动的方法，首先由各小社联合选出大社的管理委员会，把人民公社的架子搭起来，具体问题以后再逐步解决。决议要求对公共财产和债务方面的差别不要算细账和找平补齐，社员的自留地一般应归集体经营，零星果树暂归私有，股份基金等也不必急于处理，拖一、二年后自然地变为公有。决议还指出人民公社目前是集体所有制，只要经过三、四年，五、六年或更长时间，就有可能变成全民所有制，并且将为向共产主义过渡作准备。“在目前形势下，建立农林牧副渔全面发展，工农商学兵相结合的人民公社，是指导农民加速社会主义建设，提前建设社会主义并逐步过渡到共产主义必须采取的基本方针。”可见这个决议不仅忽视了高级社的巩固问题，而且忽视了生产力发展的水平，雄心勃勃地要启动迈向共产主义的步伐，宣称“共产主义在我国的实现已经不是什么遥远将来的事情了”。

决议公布以后，舆论宣传紧紧跟上，《红旗》杂志、《人民日报》等相继发出社论，号召高举人民公社的旗帜前进，人民公社运动迅速达到高潮。1958 年 8～10 月仅三个月时间，全国 79 万多个农业生产合作社，就合并成 2.3 万多个人民公社，参加农户达 99%以上，除西藏、台湾外，全国飞速完成了人民公社化。①

① 《中国农村社会经济变迁》303页。

人民公社体制最本质的特征是“一大二公”和“政社合一”。一大二公是毛泽东的总结，他说大就是人多、地大、生产规模大、各种事业大，工农商学兵，农林牧副渔，人多势众；公社就是社会主义公有化程度高。确实，就组织规模而言，人民公社比高级社大得多，高级社 79.8 万个，平均每社 151 户，人民公社到 1958 年 10 月已建的 2.3 万多个，平均每社 479 户，规模扩大了 3 倍。更不用说还有 20 000 户以上的大社。[①] 但由于把一家一户过日子的农民迅速聚拢起来一起生产生活，心理的适应就需要相当长一段时间；加上地广人多，干部的管理水平和素质也需一定时间的培养；废除了家庭经营，又不具备机械化生产条件，“大”的便于集中人力、物力、财力搞大规模综合性生产建设的优越性难以发挥反而造成瞎指挥、浪费、平均化等挫伤农民积极性的可能。“公”表现在高级社所属的生产资料、社员私有的生产资料、私养牲畜和自留地都归公社集体所有；财产关系上表现为“一平二调”；一切主要生产资料归全民所有，产品由国家统一调拨使用，上缴利润、生产开支、社员消费均由国家统一确定、办食堂、托儿所、缝纫组，实行供给制加工资制，把全民所有的银行。商店企业下放公社，公社兴办具有全民所有制性质的工业或其他事业，以增加公社的全民所有制成分。

但由于这种新的财产关系割断了农民生产与收益间

① 《中国农村社会经济变迁》309 页。

的利益关系，以此无偿占有农民财产的做法就极大地挫伤了农民的积极性，出现了农民砍伐树木、屠宰耕畜、瞒产私分、抵制调拨等现象。

政社合一是指公社集经济组织与政权组织于一身，变成了国家基层政权的一个组成部分，这就失去自主权和独立性。由于社领导实际上由国家任免而不是由社员选举，其工作又不与公社生产和社员收入发生直接联系，这就不仅违背了合作社的原则而且不利于集体经济的巩固和发展；倒是便于国家的直接调拨和控制，甚至对农民的人身支配，以完成国家计划和需要。如果说统购统销政策从外部把农村人口和国家计划联系起来，那么政社合一的人民公社体制则从内部更直接地用行政手段将亿万农民纳入国家计划的轨道。公社干部的不受社员监督，自然会造成大量的行政命令、瞎指挥、共产风、浮夸风以及干部特殊化风。五风难除，与这种体制有着渊源关系。

人民公社实行工资制与供给制相结合的分配制度。在建立人民公社的决议中，虽未肯定供给制，但毛泽东1958年9月视察安徽舒茶人民公社时，却支持要求推广吃饭不要钱的做法，还说将来穿衣服也可以不要钱了。据此各地社员分配中都采用工资制与供给制相结合的做法。供给制一般实行吃饭不要钱，有的还实行基本生活费用包干，有的连吃饭、穿衣、医疗、卫生、学习、婚丧嫁娶都包了。供给制部分一般占到60％～80％，工资部分由群众评定工资等级，按月发给工资，这部分占的比例很少。同时举办公共食堂，实行生活集体化。社员的口粮、柴草由食堂统一掌握，所有人都到食堂吃饭，小孩到托儿所、幼儿园，老人到敬老院，不仅造成粮食、柴草、劳动力的浪费，而且还给社员生活带来不便，在粮食人均量很低、各种生活资料匮乏的条件下举办公共食堂、实行供给制，只能使平均主义停留在低水平上，也伤害了社员的劳动积极性。一些典型调查表明，人民公社初期劳动出勤、劳动效率均下降50%。①

此外，人民公社实行“组织军事化，生产战斗化，生活集体化”的大兵团作战，把战争年代的军事方法引进到农业生产当中。河南省楂岈山人民公社的典型作法是：组织军事化，就是以男女青年民兵作为骨干，结合全体社员，按军事组织编成班、排、追、营生产战斗化，就是在进行田间管理的时候，由公社和“军事指挥部”统一调动劳动力，突击积肥，突击锄草、突击防除虫害等，进行水利建设时，还可以由县里统一调配全县劳动力生活集体化就是要办公共食堂等集体福利事业，共同生活这样的做法，虽说是为了培养集体主义、共产主义精神，实际却加强了农民对公社的依附，和人民公社对农民的人身控制。

强调集体化的结果就是造成对生产的极大的破坏，

① 俞家宝《农村合作经济学》127页，北京农业大学出版社，1994。

据《广东省人民公社1960年收益分配情况》中反映：社员家庭经济收入比1959年减少37.7%，比1957年减少67.4%，公社一级经济收入比1959年增加47.83%；社一级经济占比重达19.34%，比1959年增加5.44%；社员家庭副业所占比重为8.87%，比1959年减少6.32%。公社一级经济上升较快，主要是由于在大办社办企业中，刮了“共产风”。可见，由于“一平二调、共产风、瞎指挥”等方面的问题，严重影响了社员的生产积极性。这也是造成人民公社劳动效率不高的主要原因。

在进行集体化的过程中，严重的违背了“自愿的原则”，入社成了一种行政命令的办法，退社被看成是阶级斗争的政治问题。干部升级，也是与完成集体化的速度和覆盖面直接挂钩的。这样下去的结果，无疑破坏了生产力的发展。

第二节　对人民公社体制的调整

毛泽东及时发现了人民公社运行中存在的问题，并及时作了新的部署。

1958年到1959年初他连续召集中央政治局郑州、武昌扩大会议及党的八届六中全会，发表了一系列谈话，并形成了《关于人民公社若干问题的决议》等重要文件，制定了一系列方针政策，采取了许多具体措施。主要以下几个方面：

（1）1958年11月2日至10日郑州会议上，针对当时普遍存在的混淆社会主义和共产主义集体所有和全民所有的问题，明确肯定现阶段是社会主义，人民公社基本上是集体所有制，还批评了废除商品生产实行产品调拨的提法。

（2）11月21～27日的武昌会议上，批评了“共产风”的错误，调整了一些过高指标。4月29日毛泽东又指出包产不要大高、密植不要太密，节约粮食要抓紧、扩大播种面积，要讲真话。批评了浮夸风和高指标。

（3）11月28到12月10日，党的八届六中全会通过了《关于人民公社若干问题的决议》批评了企图否定集体所有和按劳分配的错误，批评了企图越过社会主义跳入共产主义的空想，宣布个人生活资料永远归个人所有。

（4）1959年2月27日至3月5日第二次郑州会议主要讨论所有制问题。

毛泽东讲话，批评了单一的公社所有制，提出了人民公社必须以生产队为基础的思想，批评了平均主义和过分集中两种倾向；强调指出等价交换在社会主义时期是一个不可违反的经济规律，必须遵守。会议规定了整顿和建设人民公社的方针，这就是“统一领导，队为基础；分级管理，权力下放；三级核算，各计盈亏；分配计划、由社决定；适当积累、合理调剂、物资劳动、等价交换；按劳分配、承认差别”。会后，毛泽东又提出讨论生产小队部分所有制问题。在1959年3月25日至4月5日召开的八届七中全会上，毛泽东作出旧账要算，即清算公社化，大跃进中无偿调用高级社和社员的物资和劳力，决定退赔，必须使生产小队有部分所有权。

(5) 1959年5～7月，中央决定恢复自留地，允许社员私人喂养家畜，宣布房前屋后的零星树木归社员私有。在庐山会议上，毛泽东又提出，要使生产队成为半核算单位，要恢复农村初级市场。

这次的调整虽制定了一些好政策，但仍保留生产大队为基本核算单位、实行供给制、办公共食堂、搞政社合一等根本性的政策；加上庐山会议上突然转向批右，就使这种非根本性的调整也被打断，农业形势进一步恶化。

由于穷富拉平、积累太多、“共”各种“产”、义务劳动太多为特点和内容的“共产风”的泛滥，农业生产力遭到很大破坏。主要农产品大幅度减产。1959年农业总产值比1958年下降13.6%，1960年又下降12.6%，出现了空前的大幅度下降。1959年粮食实际产量只有3 400亿斤，比1958年下降15%；1960年只有2 870斤，比1959年又下降15.6%；棉花、油料、生猪、黄红麻、烤烟、糖料等均处在大幅度减产中。①

① 《中华人民共和国经济大事记》(1949—1980) 房维中等，第291-292页。

农民口粮大幅度减少，生活水平下降。1958年冬个别地方已发生饥荒。1959年粮食总产减少15%的同时，征购却增加了14.7%，农民人均消费粮食由1958年的402斤下降到366斤；农民人均消费水平也由上年的85元下降为65元，更多地方发生饥荒。有的地区农村发生浮肿和饿死人的现象。[①] 市场供应十分紧张。1960年零售商品货源比上年减少8.5%，与社员购买力出现了74.8亿元的差额。人均粮食消费量又比上年减少46斤，人口死亡率明显提高（根据作者1970年的亲身调查，三年困难时期贵州省遵义地区农村人口因饥荒减少了40万人。——王立诚注）。农业生产第一线劳力减少。由于大办工业，大量劳动力流入城市，1958年职工达2 093万人，比1957年增加67.5%，城镇人口1960年比1957年增加了3 000多万，既影响了农业生产，又增加了农业的供应负担。加上大炼钢铁、大修水利和进行其他公共建设，农业第一线劳动力多为妇女儿童，1958年就有10%的粮食烂在地里。

1960年冬，毛泽东和中共中央决定纠正错误，提出了“调整、巩固、充实、提高”的八字方针，采取了强有力的农业调整政策，其中主要是《农村人民公社工作条例》和《关于改变农村人民公社基本核算单位问题的指示》。

在1961年3月召开的广州会议上通过的《农村人

① 杜润生《是非功过自有历史评说》，《回忆邓子恢》第51页。

民公社工作条例（草案）》（即“六十条”）其中明确要求：坚持自愿互利和等价交换的原则，取消供给制，实行评工记分；社员口粮分到户，办不办集体食堂由社员自己决定；建立社员代表大会监督委员会等民主管理制度，有力地刹住了共产风和平均主义。9月份，毛泽东提出将人民公社的基本核算单位下放到生产队的建议。10月党中央指示各地试点，很受欢迎。1962年2月23日，中共中央正式发出《关于改变农村人民公社基本核算单位问题的指示》决定以生产队（即原来的生产小队，规模相当于过去的初级社）为基本核算单位，平均每队约20～30户，1962年9月，在党的八届十一中全会上通过的《农村人民公社工作条例（修正草案）》中，对基本核算单位又进一步作了明确规定：生产队是人民公社中基本核算单位，实行独立核算，自负盈亏，直接组织生产，组织收益分配；生产队集体的大牲畜、农具等，公社和大队不能抽调；生产队对生产的管理和分配，有自主权；并规定这个制度30年不变。这就确立了生产资料和产品分配归公社、生产大队和生产队三级集体所有，而以生产队一级为基本所有制的“三级所有，队为基础”的人民公社新体制。

“六十条”还规定，允许和鼓励社员发展副业，包括种自留地、饲养牲畜、采集、渔猎等副业生产；自留地占生产队土地的5％～10％；家庭副业收入归社员所有，完成国家订购合作任务后可以拿到集市上出售。这就恢复了自留地、家庭副业和农村集贸市场，有利于增加生产、增加收入，促进流通。

“六十条”还规定，各生产队可以划分成固定的或临时的作业小组，划分地段，实行小段的、季节性的或常年的包工，建立责任制，畜牧业、林业、渔业和其他副业的生产及管理，实行责任制，有的要责任到组，有的要责任到人。受它的影响，1962 年我国出现了多种经营形式，如广西壮族自治区龙胜县就出现了集体协作与责任到人相结合，“四定”小包工、按劳力或人头固定田块、山里组（户）包交公粮、包产到户、分田到户等五种经营形式，多种责任制的推行，可以起到促进改进技术，减少浪费和消耗、提高劳动效率和克服分配平均主义的作用，利于群众积极性的发挥和农业生产力的恢复发展。可以说，“六十条”是农业生产恢复的决定性措施。这一政策的贯彻，虽然有后来的“四清”社会主义教育运动的冲击，农业生产仍然迅速恢复发展。

社教运动也就是 1963—1965 年在农村开展的清政治、清经济、清组织、清思想的社会主义教育运动。在八届十中全会上毛泽东再一次强调了阶级斗争，认为社会主义时时存在着资本主义复辟的危险，党内会产生修正主义，因为资产阶级没有消灭。因此，主要矛盾仍然是阶级矛盾，阶级斗争要“天天讲、月月讲、年年讲”。这种政治估计就导致把支持包产到户的做法看成是搞资本主义复辟，是刮单干风。另外生产队在经济管理、干部作风等方面也确实存在一些问题，因此，毛泽东决定进行这一运动。这一运动打击了不少农村基层干部，也降低了农业经济恢复和发展的速度；但由于强调不误农时，以增产为考核标准，这就使政策调整没有受到太大冲击。

由于国家大力扶助，如大力提高农副产品的收购价格（1961、1962年提高27.1%），降低农业税额（1961年农业税由11.6%下调为10%，地方税由15%～30%下降为10%），增加农贷（1962年达20亿元）和物资供应，加上中央政策的调整，1962年的农业生产在三年下降后开始回升。与1961年相比，粮食生产增加了250亿斤，达到3 200亿斤，油料产量增加10.5%。生猪头数达1亿多头，增加2 440万头，农业总产值增长6.2%，最困难时期已经过去。从1962至1965年，粮食产量平均每年递增7%，农业总产值递增9.1%，1965年的总产值为1957年的109.8%，多数农产品产量已经恢复并超过了1957年的水平，在工农业总产值中的比例也由1960年约20.1%上升到1965年的29.8%。1965年初，在三届全国人大代表会议上，周总理宣布调整国民经济的任务已经完成，农业生产已全面好转。

但要看到，这时期的调整政策并没有从根本上解决人民公社中存在的问题。

一、人民公社从它诞生的那天起就伴随着完成社会主义的使命，这种主导思想的支配，其政策调整只能被看成暂时的过渡性政策，这就影响一系列行之有效的政策措施如三级所有、队为基础、按劳分配、种自留地、实行责任田等措施的绩效。而政治思想以及贯彻政治思想的活动和运动的一再发动，又进一步侵蚀着调整政策的作用。

二、人民公社仍深存着它原来构设的基本框架。政社合一、求大求公带来的管理上的集中和分配上的平均主义仍没有受到根本影响。虽然暂时实行队为基础，但公社生产的发展（而不是社员收入的提高）又与干部的政绩画上了等号，这就难免干部对生产队经营管理的干预，难免五风的再度泛滥：由干部决定而不是由社员决定分配，因为干部实际上不由社员选举产生，就使分配中平均主义难以消除。生产队的生产主动性和自主权受到上面太多的干扰，自然影响了社员的积极性。即使在生产队所有完全不受大队和公社干预的情况下，社员因为其劳动成果被平均分配，没与自身利益直接联系起来，对生产劳动的积极性的激励程度毕竟有限，在1982年建乡撤社之前，这种单一的管理模式在我国农村中存在了约二十年，也就是束缚了农民的积极性有约二十年的时间，这段时间农村的生产力几乎是处于停滞的水平。例如北京市房山区窦店村，是一个管理较好的社，从1956年至1977年的二十年多年间，社员人均分配水平始终没有超过80元，还不如初级社的分配水平高。人民公社也始终没能给中国农村经济带来重大的发展，没能解决粮食供给不足的问题，没能解决中国人的温饱问题。在1975年的国家财政支农资金由1965年55亿元增加到99亿元的情况下，1966—1976年间平均每年增长速度只有3.8%，这是除了1958—1962年负增长外，新中国成立以来增长速度最低的一个阶段。很明显地，这两个低增长时期都在人民公社时期。这说明中国农业一直在热切地呼唤经营体制的改革，期待着对人民公社体制的废弃。所幸的是，1979年之后，人民公社体制就已经名存实亡了，1983年10月，中共中央、国务院《关于实行政社分开建立乡政府的通告》，正式撤社改建乡人民政府，终于给长达26年之久的人民公社画上了句号。

第三章 十一届三中全会以来，我国农业合作的新发展（1979—2007）

第一节 改革开放对旧体制提出新要求

我国的计划经济体制很大程度上是以原苏联经济体制为模式照搬形成的。从‘一五’开始到1978年的28年间，在我国经济、政治生活不断发生深刻变化的同时。农村经济体制也暴露出严重的弊病：政社不分，条块分割，国家对经济生活统得过死，忽视商品生产，价值规律和市场机制的作用，分配中的平均主义严重。造成企业职工和农村社员缺乏应有的自主权、缺乏生机和活力，压抑了人民群众的积极性、创造性，使社会主义优越性得不到体现。

1979年以前的农村经济体制，有几个明显的特点。

（1）农村人民公社“三级所有，队为基础”和公社级“统一经营，统一分配”的体制。

（2）农产品和农用生产资料不能自由流通，只能由政府按计划分配资金和农业生产资料。主要的农产品都按计划统购、派购。

（3）土地、劳动力、资金等生产要素被封闭在社区集体经济组织之内，不能自由流动。

概括起来，生产者没有经营自主权，生产活动中没有农产品市场，资源配置没有要素市场。这种经济体制下，政府名义上下达的指导性计划通过政社合一、统派购制度，变成了实际上的指令性计划。对农民和农业生产进行如此严密的控制，目的是“使小生产绝种”和为国家实现工业化积累资金。实际上，二十几年来农民通过人民公社向国家交纳了几千亿元的工业化资金积累。但是，代价是使农业生产出现了严重的问题。

1958—1978年，是我国农业发展停滞不前的20年。1978年，粮食产量仅比1957年增加了4%，而棉花和油料在21年间还降低了11.5%和16.7%，1977年人均粮食占有量比1957年还减少了8千克。农业生产滑坡，导致食品供应相当紧张，阻碍了国民经济的进一步发展和人民生活水平的提高。

农业发展停滞，制约了国民经济的发展；没有产品市场、要素市场，农业资源得不到充分利用，农业生产越来越单一化，农民生活越来越贫困。没有监督、激励机制，农民生产热情受到严重的压抑，家庭经营的积极性和优越性一直得不到发挥。各种弊病严重阻碍农村经济的发展。

1976年10月，“四人帮”的垮台使长达10年的内乱宣告结束，农业控制有所松动，农村中的生产关系有所松动，干群关系有所改善，但继续坚持农业学大寨的决定和“两个凡是”论的错误影响，使农业生产仍处于徘徊之中。有的领导人提出的“向以大队为基本核算单位过渡”的错误意见受到了一些省委的抵制。在“实践是检验真理的唯一标准”的大讨论中、在思想解放的基础上，农业大革命吹响了前奏。

农民一方面是社会主义劳动者，另一方面又是传统的小生产者。他们既乐于跟着党走社会主义道路，又要想过上温饱和小康生活，客观上促进了农村改革的萌发。一方面是中国农民的自发创造，另一方面是党的政策放宽，使得中国农村在 1979 年春率先迈开了改革的步伐。城乡人民群众改善生活的要求，和国民经济进一步发展的需要使得发展商品生产和商品交换成了必由之路。原有的人民公社“三级所有，队为基础”的政社合一的体制，束缚了商品经济的发展，因而在出现搞活农村经济的需要的同时，原有的人民公社体制就不符合经济发展的要求了，只有实行政社分立，或撤销人民公社，才能给予农民经营的自主权，才能为商品经济活动提供基本的条件。

第二节　农民家庭联产承包制为主体的农村经济改革

1979 年春是中国改革开放的起点，改革开放的来源是农村，毫无疑问，如果 80 年代初期没有大力推广农民家庭联产承包责任制为主的多种责任制，就不会有乡镇企业的蓬勃发展，没有乡镇企业的兴起，国有企业就不会感到如此大的压力，以至于非得进行实质性的改革。因此，可以说家庭联产承包责任制是投向僵化的计划经济体制的第一颗石子，泛起了不可逆转的中国经济的改革大波。

1956年，高级社一建立，一些地方就曾经采用承包责任制的办法组织农业生产，但在强大的“左”政治压力之下，农民第一次“包产到户”的尝试遭到了压制。但各地仍不断有干群提出实行各种责任制，以至“包产到组”、“包产到户”等等。

60年代，河北省张家口地委书记胡开明同志曾上书毛主席，主张“包产到户”，后来受到批判，形成所谓的“胡、葛、解”事件（“拨乱反正”以后胡开明同志被落实政策并调任安徽省副省长，我在安徽见过他。——王立诚注）。

后来安徽、浙江、四川、甘肃、广西都出现了包产到户的改革，在中央领导同志中，邓子恢、邓小平、刘少奇、陈云，甚至毛泽东本人在内部，短暂时间中也曾经赞同过“包产到户”，但是不久他就改口否定了。

1961年，安徽农民自发搞起了“定产到田、责任到人”的包产到户形式，得到了省委的支持，并且受到邓子恢的高度评价，但是再一次遭到毛泽东的否定。

党的十一届三中全会以后，党的实事求是的思想路线使得农村生产责任制终于得到了广泛的推广采用。

1978年秋冬和1979年春，农村一些地方搞“包产到户”和“包干到户”，当时中央政府一般还是不允许的，只允许在边远贫困地区实行。中央1982年1号文件，首次肯定“双包”到户。这一次“包产到户”的发展也是伴随激烈地“道路与发展”的争论。关键时刻，邓小平作出了关于农村政策问题的重要的谈话。他在1980年5月31日的谈话中说：“农村改革放宽以后，一些适宜搞包产到户的地方搞了包产到户，效果很好，变化很快。安徽肥西县绝大多数生产队搞了包产到户，增产幅度很大。‘凤阳花鼓’中唱的那个凤阳县，绝大多数生产队搞了大包干，也是一年翻身，改变面貌。有的同志担心，这样搞会不会影响集体经济。我看这种担心是不必要的。”他还说：“从当时具体条件和群众意愿出发，这一点很重要。”1983年1号文件又提出“农业双层经营”体制（当时杜老在从天津会后返京途中还应邀到我们的学院作了关于农业双层经营的第一次报告——王立诚注）。以后全国农村97％以上生产队实行“包干到户”后来广东肇庆农民陈志雄大面积承包养鱼并雇工劳动，农垦系统举办家庭农场，吕梁地区、延庆地区拍卖“四荒”，苏南、顺义试办“适度规模经营”。

原定土地承包期15年不变，1993年中央决定30年不变。后来江泽民同志宣布70年不变，以至2008年党的十七届三中全会决定：“现有土地承包关系要保持稳定并长久不变。”因此可以说，没有改革开放总设计师邓小平同志的思想指导，就没有中国的农村改革，就没有今天繁荣昌盛的中国。另一方面也说明，作为“包产到户”这样的新生事物，在成长的初期，遇到压制，仅是暂时的，新生事物的生命力总是会战胜旧势力，这是马克思辩证唯物主义思想的体现，同时也说明了党的“实事求是、理论联系实际、一切从实际出发”和“科学的发展观”。指导思想的正确性，是能够促进生产力发展的。

联产到组、联产到村、包产到户、包干到户和专业承包等属于联产承包责任制。经过几年的发展，到1983年，农户家庭承包责任制在全国各地的生产队中已成为主要形式。99.5％的村实行了这种责任制，这就取代了中国农村的人民公社制度。

农户家庭承包责任制是广大农民在改革实践中创造发展起来的。这种土地使用制度是集体根据当地资源条件，按照国家有关法规把公有的土地等生产资料，通过签订合同的方式，把土地的使用权下放到农户，土地所有权仍属集体。农户取得土地使用权并且承担大部分农业生产活动，成为集体经济内部一个相对独立的经营层次。集体经济组织作为土地所有权的承担者，仍然承担着必要的统一经营职能。这样农户的分散经营层次与集体的统一经营层次就形成了我国现阶段农村经济的主要形式——双层经营体制。

在双层经营中，农户作为相对独立的经济实体，可以有自己的私有生产资料，可以自主决定劳动，资金的投入，可以自主决定收益的分配。集体统一经营层次是负责统一管理、调控；为农户提供产前、产中、产后的服务；组织土地整治和农田水利、道路等基础设施的建设等等。这种双层经营体制有许多优点：土地等生资料的所有权与经营权分离之后，这两个层次的结构保证了土地的社会主义公有制。同时，生产资料与劳动者又紧密地结合在一起了，改变了以往生产者没有经营自主权的状况，使生产者与经营者在家庭经营层次中结合起来，使农民获得充分的生产经营自主权，在利益分配机制的激励下，调动了劳动者的生产热情。双层经营体制中集体层次有统一经营的优越性，家庭经营层次则有农户较高的生产积极性，国家、集体、个人三者利益都得到了合理的兼顾。纠正了旧体制管理上统得过死、生产上瞎指挥、分配中的平均主义，也体现了社会主义合作社的基本原则：自愿、自主、平等、互利。这是比较接近于真正的合作社原则的，虽然还不彻底，但是实践经验已经大大地启发了我们冲破斯大林的僵化的集体模式，寻求适合于我国的社会主义初级阶段的农业经营结构。这就是运用产权经济学理论把农民的产权分解为所有权，处分权和经营权，收益分配权，而不是盲目追求单一的公有制。农户家庭承包制的成功经验证实，这种产权分解在实践上是可行的，而且在正确的运作指导下与私有化是绝对不相同的，将来在生产力发达的条件下，仍然可能调整农民的产权要素结构，使之走上规模经营的大道，应该坚持加以研究和推进。

农户家庭承包责任制，打破了分配的“大锅饭”，调动了亿万农民的生产积极性。再加上大跃进时期和农业学大寨时期兴建的大规模农田水利基础设施，潜伏在农村中的生产力得到了充分的发挥，引起了农产品供给的陡然增长。1979—1984 年农业总产值年平均递增 8.98%，其中种植业年增 6.61%，粮食每年增产 170 亿千克，棉花 1 300 万担，实现了连续的，大幅度的增长。1984 年人均占有粮食 400 千克，人均占有棉花 5.9 千克。农民收入也不断提高，生活得到显著改善。1984 年全国农民人均收入达到 355.3 元，是 1978 年的 1.4 倍（扣除物价因素）。

在搞活农村经济的同时，农村社会、经济生活也发生了翻天覆地的变化。国家对农民、农业生产的控制进一步松动，农村的资金、劳力资源可以自由流动，价值规律成了经济活动遵循的准则。

第三节　十多年来农民的若干创造

农户家庭承包责任制广泛推广以后，农村财产关系逐步发生变化，原有经济组织的单一性和封闭性逐步得到改变，农村经济组织出现多样化的趋势。在经济组织多样化的背景下，农村集体经济得到了巩固，无偿占有或强制收买农民自有资产的发展集体经济的老路，不能再为农民所接受。因此，大力发展非农产业，兴办社队企业增强集体经济的实力，逐步转移农业劳动力成为巩固与发展农业集体经济普遍采用的方式。

在经济组织多样化，集体经济要求巩固的客观背景中，不可避免地必须对原有的农业集体所有制模式进行改革和完善。继家庭承包责任制以后，中国农民又创造了土地经营权流转和农村股份合作制的财产组织形式，掀起了又一场农村变革。农村股份合作制是具有顽强生命力的，是能促进生产力发展的。股份合作制的蓬勃发展是不可阻挡的。自80年代初，陕西省的勉县、山西省的高平县、广东省深圳市的宝安县横岗镇、广州市天河区、山东省淄博市周村区和莱阳市以及广东省南海市等地进行乡村集体企业的股份制改革实验，10余年来，从沿海到内地，从农区到林、渔、牧区，从发达地区到不发达地区，农村股份合作经济不断发展壮大。尤其是1992年邓小平同志南方谈话和党的十四大召开以后，农村股份合作经济进入了一个空前发展高潮时期。农民目前从事合作开发，合作经营几乎都采用股份制，目前全国共约有300万家乡镇企业实行股份合作制。这一制度已经从乡镇企业向农、林、牧、渔业扩展，从资金股份制向土地经营权股份制演进。

农村股份合作制是一种既不同于传统的全民所有制和集体所有制，又不同于资本主义私有制的一种新型的财产组织形式，也可以说是对农村集体经济体制的改革和完善，它和股份制的合作社的形式接近。因此可以说凡是农村中实行含有产权份额划分并明确个人股权的经济联合体就可以叫股份制合作经济。

农村集体经济的股份合作制改革原来主要是在集体

举办的企业中进行。其基本做法是对集体企业现有资产存量进行估价和分股，对集体企业的增量资产进行售股。我国集体经济实行股份合作制的时间长，但也取得了不少成绩：按照《民法通则》，农村集体所有制经济为村民集体所有，但是村民的产权不明晰，不能充分调动他们的生产管理的积极性，也不能保证对集体经济的经营管理进行有效的监督。实行农村股份合作制可以理顺集体经济混乱的分配体系；增强集体经济的民主管理意识，农民有了参与管理的权利与动力；因而农民可能投入更多的自有资金壮大集体经济，使集体经济的市场适应能力得到了增加；而且有利于发展适度规模经营，某种意义上可以看到这样的趋势；农村股份合作制可能是农村迈向社会主义市场经济和完善农村集体所有制经济的一种主要的选择，也是农村集体经济的一种较好的实现形式。

因此，党的十五大政治报告中着重指出："目前城乡大量出现的股份合作制经济，是改革中的新事物，要支持和引导，不断总结经验，使之逐步完善。"

至 2008 年，已有广东、浙江、北京、重庆、江苏等省市试办农村土地股份合作社，党的十七届三中全会更鲜明指出，"建立健全土地承包经营权流转市场，按照依法、自愿、有偿原则，允许农民以转包、出租、互换、转让、股份合作等形式流转土地承包经营权，发展多种形式的适度规模经营。"

农户家庭承包责任制的推广，乡镇企业的崛起，使得农民的生活富裕，农村经济搞活了。但是土地分割零碎，农业生产规模过小的弊病也暴露出来了。乡镇企业的发展，为农村剩余劳动力转移找到了突破口，使得某些地区在农业生产力结构优化的基础上，逐步实行了适度规模经营。农村商品经济发展的内在要求体现为农业生产要采用现代化科技成果，进行集约化经营，实现劳动力、土地、资源、技术、资金、装备等要素的优化组合，保证粮食生产的稳定增加并提高农业劳动生产率和土地生产率。适度规模经营就是把土地的经营规模扩大到生产力发展水平需要的范围内，使劳动力和其他生产要素组合能达到的最优产出。

此外，全国人大还通过了《中华人民共和国农民专业合作社法》，若干地区也发展了农民的专业性合作经济组织，农村的合作银行等合作经济组织。新型农村合作医疗制度已扩大到全国86％的县，参加合作医疗的农民达到7.3亿人。